Claves

PARA UNA MEJOR

COMUNICACION

EN EL

MATRIMONIO

H. Norman Wright

Autor de:
*Comunicación: clave de
la felicidad conyugal*

EDITORIAL UNILIT

Publicado por
Editorial **Unilit**
Miami, Fl. EE.UU.
Derechos reservados

Primera edición 1994

© 1983 por Regal Books
Publicado originalmente en inglés con el título:
More Communication Keys for Your Marriage
por Regal Books, A Division of GL Publications
Ventura, California 93006

Traducido al español por: Silvia B. Fernández
Cubierta diseñada por: Barbara Wood

Citas bíblicas tomadas de:
"Ls Biblia de las Américas"
© 1986 The Lockman Foundation
La Habra, California 90631
Usada con permiso

Productu 498595
ISBN 1-56063-727-7
Impreso en Colombia

Printed in Colombia

CONTENIDO

CAPITULO UNO

¿QUE COMPONE EL MATRIMONIO?

Para: Bill
de: Mary

¿Por qué se casó usted? ¿Puede acordarse de aquella época cuando su vida estaba llena de sueños, expectativas y esperanzas en el futuro? ¿Qué papel jugó el matrimonio en esos sueños y esperanzas? ¿Cómo veía el matrimonio? ¿Qué esperaba del matrimonio? Su respuesta puede que incluya una o más de las razones siguientes:

"Yo deseaba compartir las experiencias de mi vida con otra persona".

"Yo deseaba una persona que me ayudase a ser feliz".

"Yo deseaba pasar mi vida con alguien que yo quisiera y que me quisiera".

"Yo no quería pasar mi vida solo".

"Yo deseaba lograr lo que me faltó cuando yo era niño en mi hogar".

"Yo deseaba serle fiel a Dios y amar a alguien que El deseaba que yo amase".

"Yo no quería terminar mi vida solo, especialmente cuando fuera viejo. El matrimonio era esa seguridad".

"Yo deseaba la seguridad de una relación permanente".

Todas estas razones son beneficios adicionales del matrimonio, pero ninguna es lo suficientemente fuerte, para ser por sí sola el fundamento de un matrimonio.

Muchas personas son impulsadas hacia el matrimonio sin realmente entender a todo lo que ellos se están comprometiendo para el resto de sus vidas. Es por eso que las parejas experimentan sorpresas y contratiempos durante su matrimonio. El matrimonio es mucho más:

- El matrimonio es un regalo.
- El matrimonio es una oportunidad para conocer el amor.
- El matrimonio es un viaje en el cual nosotros como viajeros, nos encontramos con muchas decisiones y somos responsables de esas decisiones.
- El matrimonio es más afectado por nuestra comunicación interna que por nuestra comunicación externa.
- El matrimonio es más afectado por los problemas no resueltos de nuestro pasado, de lo que podemos imaginar.
- El matrimonio es un llamado a servir.
- El matrimonio es un llamado a la amistad.
- El matrimonio incluye sufrimiento.

- El matrimonio es un proceso de refinamiento. Es una oportunidad de ser refinado por Dios en la persona que El desea que seamos.
- El matrimonio no es un evento pero sí es una forma de vida.
- Para que el matrimonio sea completo debe envolver intimidad en todas sus áreas. La intimidad tiene que alcanzarse en lo espiritual, lo intelectual, lo social, lo emocional y lo físico.

Yo he escogido cuatro de estas creencias para que usted las considere en este capítulo. Piense en cada una mientras reflexiona en las relaciones entre usted y su pareja. Lo que usted opine sobre el matrimonio y lo que usted espere de su matrimonio tiene un efecto directo en la comunicación entre usted y su cónyuge.

Yo creo que:

1. El matrimonio es un regalo
2. El matrimonio es un llamado a servir
3. El matrimonio envuelve intimidad
4. El matrimonio es un proceso de refinamiento

EL MATRIMONIO ES UN REGALO

El matrimonio es un regalo.¡*Usted* puede ser el mejor regalo que su cónyuge haya recibido en su vida! Su cónyuge puede que sea el mejor regalo que usted haya recibido. Un regalo es un artículo que es seleccionado con cuidado y consideración. Su propósito es traer deleite y satisfacción a otra persona, una expresión de un profundo sentimiento por parte del que lo da. Piense en el cuidado y esfuerzo que usted pone en seleccionar un regalo.

Usted se pregunta qué cosa disfrutaría más la persona a quien le voy a regalar. ¿Qué le dará deleite a él/ella? ¿Qué le dará felicidad?

¿Qué hará su día más brillante y alegre? ¿Qué podrá demostrarle a la persona la expresión de sus sentimientos por él/ella y lo mucho que significa para usted?

Porque usted desea que este regalo sea especial y significativo. Usted pasa tiempo pensando sobre qué regalo seleccionar. Entonces comienza la búsqueda a través de varias tiendas y abastecimientos, considerando y rechazando varios artículos hasta que encuentra el que desea y hace la selección. Usted invierte tiempo envolviendo el regalo. Usted piensa sobre cómo es la mejor forma de presentarlo a la persona para que su gusto y placer sean exaltados. Existe una emoción y un reto envuelto en la selección y presentación de un regalo especial. Usted no solamente ha dado el regalo, también ha dado su tiempo y energía. Los regalos que a menudo se aprecian más, no son los más caros, pero son aquellos que reflejan la inversión que usted mismo ha hecho en considerar los deseos y necesidades de la otra persona, y de la forma que lo presenta y del sacrificio que hace.

Usted es un regalo para su cónyuge. y si lo es ¿cómo es que usted vive para que su cónyuge sienta que él/ella ha recibido un regalo especial? ¿Invierte su tiempo, pensamiento y energía en su cónyuge? ¿Experimenta su cónyuge deleite, se siente logrado y alguien especial? ¿Cómo puede usted, como un regalo, ser usado en la vida de su cónyuge para levantar el espíritu y perspectiva de la vida de él/ella?

Si eres quien recibe el regalo especial, ¿cómo reacciona cuando éste le ocasiona deleite? Piense en su niñez o primeros años. ¿Cuál fue el regalo más especial o emocionante que recibió en su vida? ¿Puede acaso recordar lo que pensó y sintió mientras recibía ese regalo? ¿Cómo trató ese regalo? ¿Le dio un cuidado especial y lo protegió para que no se dañara o perdiera? Quizás le dio al regalo un lugar prominente y fue cuidadosamente posesivo con él.

Si su cónyuge es un regalo especial para usted, ¿cómo trata a este regalo? ¿Tiene usted cuidado de dar a su cónyuge la mejor atención, protección y un lugar prominente en su vida? ¿Su compañero se siente como si fuera un verdadero regalo para usted?

Un regalo es dado como una expresión de nuestro amor. No es basado en si el que lo recibe se lo merece o no. Nuestro dar un regalo es en realidad, un acto de gracia.

¿Qué piensa usted?

1. ¿Cuál es el mejor regalo tangible que su cónyuge le haya dado a usted?

2. ¿Cuál es el mejor regalo intangible que su cónyuge le haya dado a usted?

3. ¿Cuál es el regalo que a usted le gustaría dar a su cónyuge?

4. ¿Qué es lo que su cónyuge apreciaría?

EL MATRIMONIO ES UN LLAMADO A SERVIR

El matrimonio es un llamado a servidumbre. Esto no es un concepto muy popular y no se encuentra entre las mayores prioridades de la mayoría de los matrimonios. Nos gustaría mejor ser servidos que servir. Pero nuestra guía para un matrimonio cristiano es dada en las Escrituras. Vea el siguiente pasaje:

No buscando cada uno sus propios intereses, sino más bien los intereses de los demás. Haya pues, en vosotros esta actitud que hubo también en Cristo Jesús, el cual, aunque existía en forma de Dios, no consideró el ser igual a Dios como algo a qué aferrarse, sino que se despojó a sí mismo, tomando forma de siervo, haciéndose semejante a los hombres. Y hallándose en forma de hombre, se humilló a sí mismo, haciéndose obediente hasta la muerte, y muerte de cruz. Por lo cual Dios también le

exaltó hasta lo sumo, y le confirió en el nombre que
es sobre todo nombre.

Filipenses 2:4-9

Jesús voluntariamente se sometió a ser un "esclavo", vigi-
lando nuestros intereses en lugar de los propios. De la misma
forma el Apóstol Pablo nos dice:

"Sometiéndoos unos a otros en el temor de Cristo.

Efesios 5:21

Note un punto importante, nunca debemos *demandar* que
nuestro compañero sea nuestro siervo o viva a la altura de las
enseñanzas claras de la Escritura. Si sentimos que debemos
demandarlo, o incluso mencionarlo, entonces estamos más
preocupados por suplir nuestras necesidades que por servir.
Si un hombre tiene que demandar que su esposa le vea como
la cabeza de la familia, entonces, para serle franco, *¡él ha
perdido la batalla!* Versos 22-25 dice que para el hombre ser
la cabeza, él tiene que amar a su esposa como Cristo amó a
la iglesia y se dio por ella. Esto significa amor sacrificado,
servidumbre.

La palabra griega que se traduce por *"sometiéndoos"* en
Efesios 5:21 es *hupotasso*. También es traducida *"sometido"*
y es usada en varias ocasiones en el Nuevo Testamento. La
forma activa de este verbo es un término militar. Significa
una sumisión externa, impuesta, basada en el rango mayor de
otra persona o posición, por ejemplo un soldado raso o
sargento que se sometiera a un capitán o teniente. En la
Escritura la palabra enfatiza el gobierno de Jesucristo, así
como en Romanos 8:20 cuando habla de "la creación" estando sometida a Cristo. De nuevo, en 1 Corintios 15:27, en tres
ocasiones Dios dice haber puesto todas las cosas bajo los pies
de Jesús, haciéndolas sujetarse a El. Esto es *hupotasso* en la
voz activa.

Sin embargo, la palabra *hupotasso* tiene otro significado, la voz mediana o pasiva. Aquí la sumisión no es algo que es arbitrariamente dada a usted, pero es algo que usted hace voluntariamente. En los diversos textos sobre el matrimonio por ejemplo Colosenses 3, Efesios 5, Tito 2, y 1 Pedro 3, la palabra *hupotasso* está en la voz mediana o pasiva. La sumisión a la que ha sido llamado en el matrimonio no es nunca nada que sea externamente impuesto, pero es un acto definitivo de su voluntad que sale de su adentro. Y es una sumisión mutua, no de un lado solamente.

Muchas cosas se han dicho en los últimos años sobre la relación entre esposo/esposa según se describe en las Escrituras. Con el movimiento feminista demandando que la mujer sea tratada con igualdad, los estudiosos de la Biblia han luchado con el verdadero significado de los pasajes como Efesios 5. Algunos han interpretado incorrectamente la palabra someterse en su sentido "militar", proclamando al esposo como la cabeza absoluta. Otros han ido al otro extremo diciendo que los esposos y las esposas son iguales, y que el único matrimonio que es bíblico es aquel que los cónyuges van a partes iguales. Como sucede a menudo, nosotros luchamos con una de muchas paradojas en la Escritura.

Yo pienso que quizás Dwight Small describe mejor el papel bíblico del esposo y la esposa en su libro *El matrimonio como socios iguales.* El declara:

> Es bueno que la igualdad de esposo/esposa sea una preocupación prominente en nuestro tiempo. Nosotros estamos de todo corazón a favor de extender esa igualdad a todas las facetas del diario vivir. Pero hay una cosa que tenemos que recordar. Igualdad es un principio en medio de otros; no se sostiene sólo y sin ser calificado como si fuera la única palabra de Dios para nosotros. Es solamente parte de la ecuación divina. Es enteramente cierta, pero no es la entera verdad. Y lo que humanamente nos parece contradictorio, puede ser una paradoja divina.

Si un hombre tiene que demandar que su esposa le vea como la cabeza de la familia, entonces, para serle franco, ¡él ha perdido la batalla!

Así, que en Efesios 5:21-33 es obvio que los esposos y las esposas son iguales en todo aspecto, excepto uno, autoridad y responsabilidad.

Como ya hemos empezado a ver, esta falta de igualdad en autoridad y responsabilidad es mitigada siempre, que el esposo lleve ésta y cualquier carga peculiar que tenga, delante del Señor. No es algo que deba ser envidiado, solamente apoyado en oración. Lo que realmente alivia todos los temores de la esposa es el llamado al amor mutuo y servicio cristiano en el corazón de esta relación paradójica. Su belleza, simetría, y justicia se desenvuelve a medida que nosotros nos ponemos dentro de estas condiciones especiales bajo la cual los matrimonios bíblicos funcionan.

El ser la cabeza, no significa que el esposo se convierta en el amo, jefe, en tirano autoritario —en la fuerza mandatoria que domina. Tampoco esto implica control o restricción, el que él esté en control y ella esté oprimida. No puede significar que él asuma alguna prerrogativa de grandes virtudes, inteligencia o habilidad. No significa que él es activo y que ella es pasiva, él la voz y ella la compañera silenciosa. Tampoco significa que él es el jefe de la tribu, el que dirige la familia, el que tiene derechos superiores o privilegios. El no es el que toma las decisiones, el que resuelve los problemas, el que marca las metas, o el director de todo el mundo en la vida familiar. Más bien, él es en primer lugar el responsable por el avance en común hacia la libertad y compañerismo, creando una sociedad de iguales bajo una sola cabeza. Un esposo verdaderamente amoroso, considerará a su esposa como un socio completamente igual en todas las cosas concernientes a sus vidas juntos. El establecerá su autoridad en vigilar que esta sociedad de igualdad se mantenga inviolable. Ella debe ser igual en la contribución de áreas como por ejemplo, tomar decisiones, solucionar conflictos, planear el desarrollo de la familia que va surgiendo, y la dirección diaria de la familia. Ya sea concierniente a las finanzas, o la disciplina de los hijos, o la vida social, cualquiera que ésta sea, ella es una socia a partes iguales. La autoridad que ama, afirma, difiere, comparte; anima y estimula. La autoridad que ama, se deleita en delegar sin demandas. Pero a través del proceso equitativo, el esposo conoce todo el tiempo que él lleva la responsabilidad ante Dios por el mantenimiento saludable de su matrimonio.[1]

Estamos en el lado seguro cuando vemos la definición de la sumisión en la persona misma de Jesús. El, siendo libre, se humilló a sí mismo por nosotros. El, siendo igual al Padre, abandonó esa igualdad para convertirse en el siervo de todos nosotros. Sumisión, entonces significa no menos que el adoptar su forma de negarse a sí mismo por el bien de los demás.

Todo cristiano es llamado a servidumbre como una expresión de su nueva vida en Cristo. Esto se enfatiza en la referencia hecha por Pablo cerca de Jesús que tomó la forma de esclavo: "Haya, pues, en vosotros esta actitud que hubo también en Cristo Jesús"(Filipenses 2:5). Servidumbre es la marca que identifica a cada verdadero creyente cristiano.[2]

Para ponerlo de forma sencilla, el papel del sirviente es el estar seguro que las necesidades de la otra persona son suplidas. En las relaciones entre los cónyuges, el ser un siervo, es un acto de amor, un regalo a la otra persona para hacer de su vida, una de plenitud. No es algo que deba demandarse. Es un acto de fortaleza y no de debilidad. Es una acción positiva que ha sido escogida para demostrar su amor el uno al otro. De esta forma el apóstol también dice, "someteos los unos a los otros", no limitando de esta forma el papel de servidumbre a la esposa solamente.

Un siervo puede también ser llamado un *capacitador*. La palabra *capacitador* significa "hacerlo mejor". Como es alguien capaz de hacerlo mejor, debemos hacer la vida más fácil para nuestro cónyuge en lugar de imponerle demandas restrictivas. Uno que es capaz de hacerlo mejor, no le busca más trabajo a su compañero, tampoco se interpone o estorba para que el otro llegue a ser todo lo que ha sido diseñado para llegar a ser. Un siervo es también uno que *edifica* o levanta a la otra persona. La palabra inglesa *edificar* se deriva de la palabra latina *aedes* significa "hogar" o "fogón". El fogón era el centro de actividad en tiempos antiguos. Era el único lugar de calor y luz en el hogar, y el lugar donde el pan diario era preparado. Era también el lugar donde las personas se reunían. Edificar es usado a menudo en el Nuevo Testamento refiriéndose a levantar a la otra persona. Hay tres ejemplos de edificar que son expresados en los siguientes versículos:

1. Animo personal

2. Fortaleza interna

3. El establecimiento de paz y armonía entre las personas.

"Así que, procuremos lo que contribuye a la paz y a la edificación mutua "(Romanos 14:19, BLA).

"Cada uno de nosotros agrade a su prójimo en lo que es bueno para su edificación (hacer feliz) a su vecino para su bien y su beneficio, para edificarlo, esto es, el fortalecerlo a él y levantarlo espiritualmente" (Romanos 15:2, BLA).

"Absteneos de toda forma de mal" (1 Tesalonicenses 5:11, BLA).

Primera de Corintios 8:1 resume el asunto de la edificación: "Pero el amor edifica" (BLA).

El *edificar* entonces, significa, alentar a otra persona en su vida. Usted es una persona a la que su compañero se arraiga, cosa que puede aumentar el sentido de autoestima de su cónyuge. El resultado es que aumenta la capacidad de su cónyuge de amar y dar a cambio.

Elizabeth Barrett Browning describe lo esencial de la edificación cuando ella le escribió al hombre con el que se iba a casar, "Agranda tu amor para aumentar mi valor".

El animar a su cónyuge es inspirarle a él o a ella con un renovado ánimo, espíritu y esperanza. Es un acto de aprobación por lo que la persona es.

El matrimonio envuelve intimidad

El matrimonio es una forma de vida, una celebración de la vida. La boda termina pero el matrimonio progresa hasta la muerte de uno de los compañeros. La conclusión de la boda, marca el comienzo de las relaciones matrimoniales lo cual es un llamado a la intimidad. Intimidad es el compartir identidades, en "nuestra" relación. Lo opuesto es un matrimonio en el cual los individuos son llamados "casados-solteros", cada compañero va por su propio camino. Al compartir intimidad tiene que haber un nivel de honestidad que les hace vulnerable el uno al otro. La intimidad es como un instrumento musical de cuerdas. La música que procede de la viola no sale de una sola cuerda pero sí de la combinación de diferentes cuerdas y posiciones de los dedos.

Hoy día escuchamos mucho sobre intimidad física, refiriéndose a menudo a nada más que el acto físico de dos cuerpos juntos. Sin embargo, la base para una verdadera intimidad física realmente viene por el resultado de otras dos áreas críticas, *intimidad emocional e intimidad de estética.*

El matrimonio físico envuelve al *matrimonio de las emociones* así como también a los cuerpos. Las emociones le dan color a la vida. La intimidad emocional evita a muchas parejas, porque uno o ambos no hacen un esfuerzo consciente de desarrollar su potencial. Las emociones del hombre y la mujer pueden que estén en niveles e intensidades diferentes, o la prioridad de la mujer puede que sea intimidad emocional mientras que la prioridad del hombre sea la física. Cuando la pareja aprende a compartir el nivel emocional, cuando pueden comprender y experimentar los sentimientos de cada uno, están bien encaminados para alcanzar una verdadera intimidad. Las murallas y paredes deben ser derrumbadas para que se desarrolle la intimidad.

Judson Swihart escribe de la tragedia de un matrimonio que no tenía intimidad emocional. "Algunas personas son como los castillos medievales. Sus paredes altas les mantienen seguros de cualquier herida. Ellos se protegen a sí mismo emocionalmente al no permitir ningún cambio de sentimientos con los demás. Nadie puede entrar. Ellos están seguros de cualquier ataque. Sin embargo, cuando inspeccionamos al ocupante, encontramos que él o ella está solo, sollozando alrededor de su castillo, solo. El habitante del castillo está en una prisión hecha por él mismo. El o ella necesita sentirse amado por alguien, pero las paredes son tan altas que es difícil llegar a alguien o que alguien llegue a ellos".[3]

El poema "Paredes" describe la devastación de esta barrera.

Su foto de boda se burlaba de ellos desde la mesa,
    estos dos cuyas mentes ya no se comunican entre sí.
Viven con una gigantesca barricada entre ambos,
    que ni los golpes de un ataque de palabras
    "ni la artillería del toque" la derrumbarían.
En algún lugar del tiempo trascurrido
entre el primer diente del hijo mayor,
    y la graduación de la hija menor,
    se perdieron el uno al otro.
A través de los años,
    ambos lentamente,
    fueron desenredando esa enredada madeja llamada yo,
    y a medida que cada uno tiró de sus recios nudos,
    escondió su búsqueda por el otro.
En ocasiones ella ha llorado en las noches
    y le ruega al susurro que le diga quién era ella.
El acostado a su lado,
    ronca como un oso perezoso
    sin saber de su invierno.
En una ocasión, después de haber hecho el amor,
    él quiso decirle cuán temeroso estaba de morir,

pero con temor de enseñar su desnuda alma,
   él le habló sobre la hermosura de sus pechos.
Ella tomó un curso en arte moderno,
   tratando de encontrarse a ella misma
   con colores plasmados en un lienzo,
   y quejándose a otra mujer
   trataba de decir lo insesible que eran los hombres.
El subió a una tumba llamada "la oficina",
   envolvió su mente en una mortaja de papel
   lleno de números y se enterró en sus clientes.
Lentamente, se levantó una pared entre ellos,
   unida por la mezcla indiferencia.
Un día, mientras trataron de reconciliarse
   ellos se encontraron con esta barrera que no podían penetrar,
   y retrocediendo por el frío de la piedra,
   cada uno se retiró, apartándose del extraño
      que estaba a su lado.
Porque el amor no muere en el momento del enojo, en la batalla,
   tampoco cuando los cuerpos fieros pierden su calor.
Está tirada sin aliento, exhausta,
   expirando en el fondo de la pared
   que no puden escalar.[4]

Otra forma de intimidad es *intimidad estética,* compartiendo las experiencias de la belleza. Una pareja disfruta el compartir la música, mientras que la otra puede preferir la pintura al óleo de una escena de montañas. ¿Habrá descubierto usted ya en su matrimonio, estas áreas de intimidad? Cuidadosamente y con preguntas bien pensadas, o "escuchando con sus ojos" puede que le ayude a hacer estos descubrimientos.

Para mí uno de los lugares más hermosos y tranquilos de la tierra se encuentra a la entrada del Lago Jenny, en el Parque Nacional de Grand Tetons. Siguiendo un trillo a lo largo de un rápido arroyo usted pasea a través de los árboles por varios cientos de metros. Entonces toma una inesperada excursión bajando la pendiente de una colina para descubrir la entrada y la sorprendente belleza del agua, bosque, cielo y dentadas cumbres. Yo valoro este lugar por su belleza, aislamiento y silencio. Yo he estado allí temprano en la mañana en un día claro sin nubes, mirando al sol levantarse lentamente a través de las montañas, hacia los bosques y luego reflejando brillantemente en la superficie suave del agua. En otras ocasiones las nubes negras enmarcan el áspero horizonte y los rayos de luz proveen un espectáculo natural. Yo me he sentado sobre una gran peña durante una tormenta de lluvia mientras las piedras de granizo brincaban en mi sombrero y yo apretaba mi abrigo para protegerme. Cada ocasión proveyó una diferente forma de belleza, y experiencia que fue añadida a mi reserva de memorias y aumentó los deseos para que yo anticipara la próxima vez. Yo he disfrutado estos lugares especiales de ambas formas, a solas y con mi esposa Joyce.

El compartir y la intimidad no tienen que venir de una serie de comentarios como, "¿no es esto hermoso?" o "¡mira esto!" o "¿has visto alguna vez algo como esto?" Intimidad es el estar juntos de pie callados, observando el sorprendente panorama y sintiendo la presencia del otro y su aprecio. La hermosura puede ser compartida sin palabras. Esos momentos para compartir serán recordados durante años y se pueden mencionar una y otra vez durante pensamientos privados o en una conversación.

Intimidad ha sido descrita como "nuestras" experiencias, el compartir identidad. En algunos matrimonios esta relación de "nuestras" no se desarrolla y el resultado es un matrimonio paralelo. Los dos individuos piensan en su mayoría en ellos mismo, con muy poco cuidado por los deseos, anhelos o esperanzas de su cónyuge.

Para que la intimidad emocional y estética ocurra tiene que haber comunicación. Y para que la verdadera comunicación ocurra tiene que haber intimidad emocional. ¿No le suena como una paradoja? ¿Dónde comienza usted?

Intimidad espiritual es otra base para que la verdadera intimidad ocurra. A medida que la pareja aprende a comunicarse entre sí y con Dios, ellos aprenden a confiar el uno en el otro y a ser más abiertos. La intimidad espiritual viene del desarrollar comunicación entre nosotros y Dios y con nuestro cónyuge. Es fácil hablar sobre esto, pero no siempre es fácil lograrlo.

¿Qué piensa usted?

1. ¿Qué barreras necesita remover para que se produzca la intimidad en su matrimonio?

2. Indique un tiempo especial de intimidad que tuvo el pasado mes.

3. ¿Qué usted puede hacer esta semana para aumentar la intimidad entre usted y su pareja?

EL MATRIMONIO ES UN PROCESO DE REFINAMIENTO

Joyce y yo nos casamos a la edad de veintidós, alrededor de veinticuatro años atrás. Mucho ha ocurrido durante esos años. Un descubrimiento que vino temprano en el matrimonio fue la conciencia de que el matrimonio es un proceso de refinamiento. Dos individuos viviendo en tal proximidad van a tener que madurar y tener sus ásperos bordes suavizados, o sus faltas se intensificarán y agrandarán y sus cualidades negativas serán más pronunciadas.

Diariamente encontramos oportunidades para crecimiento si permitimos que ocurran. Nos encontramos a menudo, con ambos tipos de crisis las mayores y las menores, algunas predecibles y otras son como invasores extraterrestres que vienen del espacio exterior.

¿Qué es lo que causa que una crisis mayor se convierta en algo restrictivo, encorvado, una tragedia eterna en vez de una experiencia que produzca crecimiento a pesar del dolor? Nuestra actitud.

Las crisis y las tribulaciones pueden convertirse en medios de crecimiento emocionante. En el libro *Run from the Pale Ponny* (*El correr del pequeño caballo pálido*), William Pruitt usa una analogía para compartir lo que ha sucedido en su vida. En la introducción del libro él escribe:

Hace cerca de treinta años atrás, una de mis alegrías como niño era el montar un caballo blanco llamado Prince. Ese orgulloso caballo lleno de brío, me llevaba a donde yo deseaba ir, donde quiera que yo le ordenaba, y al paso que yo escogiera. Yo no tengo que explicarle a aquellos que montan caballo la sensación de poder, aun de autoridad, que viene de controlar a tan poderoso animal. No es necesario que expanda la emoción que sentía cuando galopaba a toda velocidad, o sobre el orgullo silencioso que sentía cuando le daba las vueltas en círculos como parte de los ejercicios para el rodeo. Después de todo, él era mío y yo lo entrenaba. Esas experiencias son parte de mi herencia.

Mi estimado caballo blanco se había ido y durante quince años rara vez me acordé de él. Fue entonces que me encontré con una clase completamente diferente de caballo. Al principio al darme cuenta de la visión, sus formas eran muy opacas para ser discernidas. Yo sólo sabía que nunca había visto nada igual antes. También sabía que nunca había deseado tal criatura, sin embargo algo diferente me sucedía siempre que iba, esa sombra no se apartaba. Me dije a mí mismo, "bueno realmente, ahora, estás muy ocupado para ocuparte de algo que parece que está determinado a perturbarte, líbrate de esto". Y traté de hacerlo. No importa lo que hiciera sin embargo, la visión seguía todos mis movimientos. Más aún, mientras más trataba de perderla, más clara se me hacía la forma de la criatura.

Mi inquietud se convirtió en ansiedad cuando me di cuenta que esta sombra no deseada tenía una voluntad propia. Los escalofríos del temor me asediaron cuando comprendí de que no tenía intenciones de dejarme tranquilo. Sin ningún aviso, comenzó un día, a comunicarse abiertamente conmigo, y con un tono brusco que tal parecía como un tono rígido de animosidad, me golpeó diciendo, "ya no puedes ir más a donde quieras ir, cuando desees o a la velocidad que escojas. Eso es cierto porque yo te daré debilidad en vez de fortaleza". ¿Emoción y orgullo? Nunca más los tendrás como antes. "Yo planeo solamente cautividad e incapacidad para ti. Y yo seré tu compañera constante. Mi nombre es *enfermedad crónica*. En el momento que la escuché hablar, yo me encogí de espalda por haber podido verle cara a cara. Habló con rudeza sobre miserias que eran lo opuesto del gozo que tenía con mi caballo blanco llamado Salud, y la amarga ironía era reflejada en la forma de una criatura maliciosa.*Enfermedad crónica*, tomó la forma de un atolondrado caballito mal formado. Su piel peluda era de color pálido, marcado con la vieja acumulación que da la obscura desesperación. Pero sin lugar a duda, la facción más atemorizadora era su brillo sobrecogedor, la vista de sus ojos brillosos me paralizaba. Los ojos del caballito salvaje se posaban sin descanso de un lado a otro, y sin embargo de forma extraña no pestañeaban. Este libro está escrito primeramente para aquellas personas que han conocido a este caballito pálido cara a cara.[5]

Hay muchas formas en la cual el "caballito pálido" puede presentarse; serias enfermedades físicas o mentales, accidentes, guerra, heridas, etcétera. No importa la forma que el caballito tome, los resultados pueden ser similares. El caballito pálido de William Pruitt fue esclerosis múltiple. El sentía que la enfermedad estaba afectando cada vez más su vida, pero su historia es una historia de esperanza. El comprendió que tenía un número de años antes de que se quedara completamente incapacitado, y dándose cuenta de que no podría continuar el tipo de trabajo que tenía, él regresó a la universidad en silla de ruedas. Adquirió un doctorado en economía y comenzó a enseñar a nivel universitario.

El libro de Pruitt, no es un libro sobre dar, sino más bien sobre luchar y ganar. Es un libro muy honesto, que habla del dolor, sufrimiento y confusión. Pero su énfasis es en la fe y la esperanza.

La clave para las crisis de la vida es la forma en que reaccionamos a ella. Cuando vienen los problemas podremos honestamente decir, "Dios, esto no es lo que yo deseaba en mi vida, yo no contaba con esto". Pero el problema está ahí, no importa lo que usted desee. ¿Cómo reaccionaremos a esto?

Un verso que ha significado mucho para mí, es uno que le pido a las parejas durante consejería matrimonial que usen como fundamento para su matrimonio: "Tened por sumo gozo, hermanos míos, el que os halléis en diversas pruebas, sabiendo que la prueba de vuestra fe produce paciencia" (Santiago 1:2-3 BLA). Es fácil leer un pasaje como este y decir, "bueno, está bien". Pero otra cosa es ponerlo en práctica.

¿Qué significa realmente la palabra *considerar, o cuenta*? Se refiere a una actitud interna del corazón o de la mente que permite que las tribulaciones y circunstancias de la vida nos afecten de forma adversa o beneficiosa. Otra forma en que Santiago 1:2 puede ser traducido es: "Prepárate mentalmente para considerar a las adversidades como algo a lo que se le da la bienvenida o uno se alegra sobre ella".

Usted tiene el poder para decidir cuál será su actitud. Usted puede acercarse a ella y decir: "Eso es terrible. Me molesta completamente. Eso es la última cosa que yo deseaba en mi vida. ¿Por qué tenía que pasar ahora? ¿Por qué tenía que pasarme a mí?"

La otra forma de "considerar" la misma dificultad es diciendo: "No es lo que yo deseaba o esperaba, pero está aquí. Sé que habrá algunos momentos difíciles, ¿pero cómo puedo hacerlo mejor que ellos?" Nunca niegue el dolor o la herida que usted tenga que atravesar, pero siempre pregunte,

"¿qué puedo aprender de esto, y cómo puede ser usado para la gloria de Dios?"

El tiempo del verbo usado en la palabra *considerar* indica una decisión de una acción. No es una actitud de resignación, "bueno, yo sencillamente me rendiré. Estoy trabado con este problema. Así es la vida". Si usted renuncia a usted mismo, entonces se echará hacia atrás y no hará ningún esfuerzo por nada. El tiempo del verbo realmente indica que usted tendrá que ir en contra de sus inclinaciones naturales, de ver las tribulaciones como una fuerza negativa. Habrán algunos momentos cuando usted no lo verá de esa forma, y entonces tendrá que recordarse a sí mismo: "No, yo pienso que hay una forma mejor de responder a esto. Señor, yo realmente deseo que me ayudes a verlo desde una perspectiva diferente". Y entonces su mente cambiará hacia una reacción más constructiva. Esto a menudo toma mucho esfuerzo de su parte.

Dios nos creó con la capacidad y la libertad de determinar cómo vamos a reaccionar a estos incidentes inesperados que la vida nos trae a nuestro camino. Usted desea honestamente que cierto evento nunca hubiese ocurrido. Pero no puede cambiar el hecho.

Mi esposa Joyce, y yo, hemos tenido que aprender a fijarnos en Dios en medio de una aparente tragedia. Nosotros tenemos dos hijos; una hija, Sheryl, que tiene ahora veintidós y un hijo Matthew, que tiene dieciséis. Sin embargo Matthew tiene un grado de madurez mental inferior a los dos años. Su cerebro está afectado, un niño mentalmente retardado que puede que nunca desarrolle más allá del nivel de un niño de tres años. Matthew puede caminar, pero no puede hablar o alimentarse solo; él no está entrenado para ir al baño. El está clasificado como profundamente retardado.

Nosotros no planeamos el convertirnos en los padres de un hijo mentalmente retardado. Nosotros nos casamos después de preuniversitarios, seguimos al seminario y tuvimos la graduación del colegio de entrenamiento y luego fuimos al ministerio de una iglesia local. Varios años más tarde, nació

Matthew. Hemos aprendido y crecido durante el proceso de cuidarlo. Mientras miro a mi vida, yo sé que he sido, en muchas formas, una persona impaciente y egoísta. Pero por causa de Matthew, tuve la oportunidad de desarrollar paciencia. Cuando usted espera un largo tiempo para que el niño pueda alcanzar un artículo y lo use, cuando espera tres o cuatro años para que él aprenda a caminar, usted desarrolla paciencia. Nosotros hemos tenido que aprender a ser sensitivos hacia una persona que no puede comunicar verbalmente sus necesidades, dolores o deseos. Nosotros tenemos que descifrar qué es lo que está tratando de decirnos; tenemos que interpretar su comportamiento sin palabras.

De más está decirles, que Joyce y yo hemos crecido y cambiado a través de este proceso. Hemos experimentado tiempos de dolor, frustración y tristeza. Pero nos hemos regocijado y aprendido a darle gracias a Dios por los pequeños pasos de progreso que la mayoría de las personas hubiesen tomado completamente a la ligera. El significado del nombre de *Matthew,* es "regalo de Dios" o "regalo de parte de Dios", y esto ha llegado a ser algo real para nosotros.

Nosotros hubiéramos podido fácilmente escoger amargarnos por causa de los problemas de nuestro hijo. Hubiéramos podido dejar que esto fuera una fuente de distanciamiento en nuestro matrimonio, interfiriendo de esta forma en nuestro crecimiento como individuos. Pero Dios nos capacitó para poder elegir el camino de aceptación. Nosotros hemos crecido y madurado juntos. No instantáneamente, pero a través del curso de varios años. Hemos tenido que conquistar terrenos escabrosos. Pero también hemos tenidos momentos alegres y ricamente significativos de reflección y deleite. Matthew ha venido a ser el medio de refinamiento que Dios está usando para cambiarnos.

Mi esposa y yo descubrimos mucho sobre la forma en que Dios obra. Nos hemos dado cuenta de que El nos preparó años atrás para la llegada de Matthew, aunque no nos dimos cuenta de que se nos estaba preparando. Cuando yo estaba en el seminario, se me pidió que yo escribiera una tesis, no sabiendo sobre qué escribir, le pregunté a uno de mis profesores que me sugiriera un tema, ella me asignó el título: "La educación cristiana del niño mentalmente retardado". Yo no sabía absolutamente nada sobre el tema. Pero aprendí rápido. Leí libros, fui a clases, observé secciones de entrenamiento en hospitales y hogares, y finalmente escribí mi tesis. Lo escribí tres veces y mi esposa me la mecanografió tres veces antes de que fuese aceptada.

Más tarde, mis estudios de pos graduado en psicología requirieron varios cientos de horas de internado en un colegio del distrito. El colegio del distrito me asignó la tarea de examinar a los niños mentalmente retardados y ponerlos en sus clases respectivas.

Mientras servía como ministro de educación en una iglesia durante seis años, la directiva de la iglesia me pidió que desarrollara un programa de escuela dominical para niños retardados. Mis obligaciones incluían el desarrollar el ministerio y su itinerario, más entrenar a los maestros.

Dos años más tarde Matthew nació, Joyce y yo estábamos hablando una noche. Uno de nosotros dijo: "¿No es interesante que tengamos tanto contacto con los niños retardados? Hemos estado aprendiendo tanto. ¿Pudiera ser que Dios nos está preparando para algo que va a ocurrir más tarde en nuestras vidas?" Eso es todo lo que dijimos en ese momento, ni siquiera puedo recordar cuál de nosotros lo dijo. En el próximo año, Matthew nació. Ocho meses después de eso sus convulsiones comenzaron. La incertidumbre que sentimos sobre el lento desarrollo de su progreso, se nos hacía una gran preocupación. Luego aprendimos toda la verdad y comenzamos a ver cómo el Señor nos había preparado.

¿Dónde entra el llamado al sufrimiento, en todo este proceso? Romanos 8:16-17 (BLA) dice: El Espíritu mismo da testimonio a nuestro espíritu, de que somos hijos de Dios, y si hijos, también herederos; herederos de Dios y coherederos con Cristo, si en verdad padecemos con El, a fin de que también seamos glorificados con El". Como miembros del cuerpo de Cristo, nosotros sufrimos cuando uno de los miembros sufren. En las crisis mayores o menores que ocurrirán en su vida, cada persona experimentará dolor. El dolor compartido, se hace menor; y lleva consigo sus exigencias. Lewis B. Smedes describe el sufrimiento en el matrimonio de esta forma. "El matrimonio de cualquiera es una cosecha de sufrimientos. Hay líneas hoy día en el romanticismo que puede que te digan que tu matrimonio fue diseñado para que ser un lugar de placer, para que los espíritus eróticos se proliferen en relaciones de auto satisfacción. Pero ellos le están jugando una treta. La promesa en su matrimonio fue de sufrimiento. Sí, de sufrimiento; no me retracto. Usted prometió sufrir. Tiene sentido, porque la persona con la que se casó lo más probable que sufrirá, él o ella tendrán que sufrir. Usted prometió sufrir con su cónyuge. El matrimonio es una vida de dolor compartido".[6]

¡Esto es un privilegio! ¡Este es nuestro ministerio del uno para el otro! ¡Este es el reflejo del regalo del matrimonio! ¿Cómo responderás a este aspecto del matrimonio?

Notas

1. Dwight H. Small, *Marriage as Equal Partnership* (Grand Rapids: Baker Book House, 1980.), páginas 29,30,48.

2. Ibid., página 63.

3. Judson Swihart, How Do I Say, I Love You? (Downers Grove, IL: Inter Varsity Press, 1977), páginas 46-47.

4. Fuente desconocida.

5. William Pruitt, *Run from the Pale Pony*(Grand Rapids: Baker Book House, 1976), páginas 9-10.

6. Lewis B. Smedes, *How Can It Be All Right When Everything Is All Wrong? (San Francisco: Harper & Row, 1982), página 61.*

CAPITULO DOS

SU CONVERSACION INTERNA

Cada uno de nosotros mantiene conversaciones consigo mismos diariamente. Esto no significa que somos raros o estamos al borde de la locura. Es normal hablar consigo mismo. Después que complete la lectura de este capítulo, espero que se vuelva más consciente de su propia conversación interna. Posiblemente se sorprenderá de la cantidad de tiempo que pasa en conversaciones internas y cómo esas conversaciones afectan su matrimonio.

Está usted consciente de:

- Que la mayoría de sus emociones, como el enojo, depresión, culpa, preocupación, son iniciadas y aumentadas por su conversación interna?
- Que la forma en que usted se comporta con su cónyuge es determinada por su conversación interna y por el comportamiento de él/ella?
- Que lo que usted dice y cómo lo dice es una expresión directa de su conversación interna?

La conversación interna es un mensaje que usted se dice a sí mismo, las palabras que dice sobre usted mismo, su cónyuge, sus experiencias, el pasado, el futuro, Dios, etcétera, es un grupo de pensamientos que evalúan los hechos y eventos que le suceden a usted. Ha medida que los eventos se repiten, muchos de sus pensamientos, y también sus reacciones emocionales, se convierten casi en automáticas. En ocasiones las palabras que usted se dice a sí mismo, nunca son unidas en una oración clara. Estas pueden ser más como impresiones.

La conversación interna o el hablar consigo mismo, no es una emoción o sentimiento. Tampoco es una actitud. Sin embargo, grupos repetidos de conversaciones internas *se convierten* en actitudes, valores y creencias. Las actitudes están con nosotros por largos períodos de tiempo y pueden ser inactivas. El hablar consigo mismo representa los pensamientos que evalúan y de los que recibimos en el momento presente. Sus expresiones de enojo, las formas de expresar amor, cómo maneja los conflictos, son motivadas por conversaciones internas, conscientes y subconscientes. La conversación interna puede ser basada sobre algunas de sus actitudes. Una actitud positiva hacia la vida tiene la tendencia de generar conversaciones internas positivas y una actitud negativa, conversaciones negativas. Las conversaciones internas son diferentes de nuestras creencias, sin embargo son *basadas* a menudos en nuestras creencias.

La mayoría de las personas piensan que los eventos externos, otras personas, y circunstancias determinan sus emociones, comportamientos y reacciones verbales. En realidad, sin embargo, sus pensamientos son la fuente. Lo que usted piensa sobre estas cosas y sobre las personas determinará las emociones que usted siente y el comportamiento y la reacción verbal que expresa.

Como un ejemplo de *sus creencias* afectando su conversación interna, considere estas creencias típicas sobre el matrimonio:

1. Mi cónyuge debe hacerme feliz.

2. Mi cónyuge debe satisfacer todas mis necesidades.

3. Mi cónyuge debe saber cuáles son mis necesidades, sin que yo se lo tenga que decir a él/ella.

4. Mi cónyuge debiera estar dispuesto a hacer cosas de la forma que yo las hago.

5. Mi cónyuge no me debiera responder en forma irritable o enojada.

¿Qué piensa?

Asuma que ninguna de las creencias anteriores fueran ciertas en su matrimonio. ¿Qué pensarían decir de sí mismo? Escriba la respuesta para cada uno.

1.

2.

3.

4.

5.

Otro ejemplo de conversación interna se puede apreciar en dos grupos diferentes de personas: Aquellos con un fracaso de identidad y los que tienen una identidad de éxito. Cada identidad parece estar unida a la conversación interna de la persona. Las declaraciones positivas de la conversación interna incluirá lo siguiente: "Yo tengo valores y valgo como persona"; "yo he logrado mucho de lo que he tratado en el pasado"; "el tratar una nueva aventura vale la pena"; "si algo es nuevo, lo veo como un reto y una oportunidad para yo crecer".

Un fracaso en la identidad puede venir de declaraciones como la siguiente: "Yo no soy tan capaz como otros"; "posiblemente fracasé"; "yo puedo lograr lo que he tratado"; "si trato puede que fracase y otros verán mis debilidades".

Consideremos por unos momentos este intercambio entre un hombre y su esposa y descubramos la conversación interna que lo produjo.

Sábado en la mañana, 11:00 A.M.

Esposa Ya es hora de que te levantes. ¡Parece que vas a desperdiciar todo el día!

Esposo (Algo sorprendido) ¿Qué te pasa? Yo solamente estoy tomando mi tiempo en levantarme y disfrutando el día libre.

Esposa Eso es. Tú estás aquí tan poco, y ¡la mitad del día se ha desperdiciado! Para cuando te vistas y asees habrá pasado el almuerzo y ¡no se habrá hecho nada!

Esposo ¿Quién dijo que yo me iba a vestir y asear? ¡Lo único que deseo es una taza de café, el periódico y el programa de balompié en la televisión!

Esposa ¿Qué...? Entonces el resto del día se va a desperdiciar... yo no tengo días libres. Hay una lista inmensa de cosas que hacer en este lugar. ¿Cuándo vas a hacerlas?

Esposo ¿Qué...? Supongo que has estado guardando una lista de cosas para hacer, de nuevo. ¿Por qué no me lo dices con tiempo? ¡Si yo hubiera deseado trabajar hoy, hubiera ido a la tienda, hubiera hecho horas extras, además de lograr paz y tranquilidad!

¿Qué está sucediendo en esta conversación? Primero que todo, cada persona tiene una expectativa que no ha sido dicha para el día sábado. Uno para trabajar y el otro para descansar. Muchos problemas como este pudieran ser eliminados, si los individuos aclararan lo que esperan hacer por adelantado. Veamos a la esposa en su conversación interna en este punto. Ella esperaba que su esposo lograra un sin número de tareas el sábado. Ella se levantó a las 6:30. Note su conversación interna y cómo esta aumenta.

7:30 "Espero que se levante pronto. Me gustaría ya empezar con estos proyectos. Con los niños fuera de la casa hoy, podemos lograr mucho".

8:15 "¡Bueno! No escucho ningún ruido. Bueno, voy a comenzar a trabajar en el patio. El posiblemente me escuche y se una a mí".

9:15 "¿Qué hora es? ¡9:15! ¡No lo puedo creer! El está durmiendo la mañana. ¿Quién se ha creído que es? ¡Qué desconsiderado! ¡Yo debiera entrar y despertarlo!"

10:00 "Solamente porque no tiene trabajo en la planta o en la iglesia piensa que tiene derecho a estar ocioso. ¿Qué tal yo? ¿Cuándo yo hago eso? ¡El me enfurece! posiblemente sabe que yo deseo que haga esas tareas que ha estado posponiendo. ¡El solamente desea ignorarlas incluyéndome a mí! Bueno, él va a escuchar lo que pienso. ¡Yo lo voy a dejar dormir, pero me las pagará!"

10:45 "Y yo que iba a cocinarle su comida favorita y postre, esta noche. Que ni lo piense. ¿Cómo puede ser tan desconsiderado? ¡Mira todo lo que yo hago por él!"

¿Qué tipo de emociones producen estas declaraciones? ¿Qué tipo de comportamiento piensa usted que promueve esta conversación? ¿Qué tipo de comunicación está sucediendo?

Supongamos, que en su lugar, la esposa escoge tener una conversación interna como esta:

"Me gustaría que se levantara. Yo creo que voy a entrar y averiguar si está solamente descansando o durmiendo".

"No estoy segura de que se vaya a despertar a tiempo para hacer mucho hoy. Mejor reviso mi lista y le pregunto si puede ayudarme con estas dos cosas después del almuerzo".

"Estoy un poco molesta con él pero tengo que admitir que no le dije que quería que trabajara hoy. La próxima vez, hablaré con él antes de que llegue el fin de semana".

"Yo puedo servirle el desayuno en la cama cuando se despierte. ¡Eso le sorprenderá! ¿Cuándo fue la última vez que hice eso?"

Dos estilos diferentes de conversaciones internas. La decisión es nuestra, el hacer de nuestras conversaciones positivas o negativas. Muchos de sus pensamientos son automáticos. Tú no te sientas a pensar qué cosa harás próximamente. Los pensamientos se deslizan por nuestras conversaciones con tal suavidad que usted ni siquiera se percata de que entraron. Muchos de ellos son estimulados de experiencias pasadas, actitudes y creencias. Usted edifica almacenes de recuerdos y experiencia, reteniendo y recordando aquellas cosas en las cuales se concentró más.

Ya sean pensamientos automáticos o conscientes, ¿cómo son sus pensamientos? ¿Son positivos o negativos? La mayoría de las personas que se preocupan, están deprimidas, irritables o critican a otros, tienen pensamientos automáticos que son negativos.

Una característica de los pensamientos negativos es que están generalmente equivocados. Ellos no reflejan la realidad. A menudo ellos reflejan nuestras inseguridades, nuestros sentimientos de insuficiencia y nuestros temores. Estos invasores externos no son por lo general bienvenidos como invitados. Usualmente son conclusiones exageradas y negativas sobre nuestro futuro, nuestro cónyuge, nuestro matrimonio, nuestra vida diaria, y de nosotros mismos.

¿Qué piensa usted?

Si usted tiene pensamientos negativos, y se entrega a ellos sin considerarlos ni evaluarlos, los resultados serán negativos. Considere los ejemplos de la lista de pensamientos errados descrita más adelante, que nosotros elaboramos de forma consciente o que nos asaltan a nuestra mente. A medida que lea cada una, indique en el espacio provisto si tiene este tipo de pensamientos. Luego escriba el ejemplo más reciente. Trate de recordar lo que le dijo a su cónyuge, basándose en sus pensamientos.

Personalizándolo —Pensando que todas las situaciones y eventos se desenvuelven alrededor de usted. "Todo el mundo en la fiesta del trabajo de mi cónyuge pensó que yo estaba fuera de lugar".
Ejemplo:

Lo que dije:

Aumentándolo —Aumentando los eventos negativos fuera de proporción. "Esto es lo peor que me hubiera podido suceder".
Ejemplo:

Lo que dije:

Minimizándolo —Puliendo los factores positivos. Pasando por alto el hecho de que todo salió bien, como los anfitriones de una cena exitosa. Esto puede incluir el explicar o el no contar un halago.

Ejemplo:

Lo que dije:

O una cosa o la otra/o pensando. "O yo soy un cónyuge de éxito o un fracasado total".

Ejemplo:

Lo que dije:

Tomando los eventos fuera de contexto —después de un día encantador con su cónyuge, el fijarse en uno o dos momentos difíciles. "El día fue una pérdida total, por causa de..."

Ejemplo:

Lo que dije:

Precipitándose a conclusiones. "Mi cónyuge no me está prestando mucha atención. Su ámor por mí está disminuyendo".

Ejemplo:

Lo que dije:

Generalizando demasiado "Yo nunca puedo complacerle a él/ella. Yo hecho a perder la situación como compañero del matrimonio". O "él/ella nunca puede hacer algo bien. El/ella siempre será de esta forma".

Ejemplo:

Lo que dije:

Culpándose —Culpándose a uno mismo por completo, en vez de a los patrones de comportamientos que pueden ser cambiados. "Yo no sirvo como compañero en el matrimonio".

Ejemplo:

Lo que dije:

Mágico "Mi matrimonio está todo enredado por causa de mi pasado".

Ejemplo:

Lo que dije:

Leyendo la mente. "Mi cónyuge piensa que no soy atractivo porque estoy gordo".

Ejemplo:

Lo que dije:

Comparando —"Se compara usted con otra persona ignorando todas las diferencias básicas entre ustedes dos. Mi esposo es mucho más inteligente que yo".

Ejemplo:

Lo que dije:

He aquí algunos ejemplos de unas cuantas de estas conversaciones y cómo combatirlas.

Esposa: "Yo nunca podré satisfacer a mi esposo. Yo he cometido muchos errores durante estos primeros tres años de matrimonio".

Pensamientos errados: *Generalización*

Respuesta: "Yo no sé si podré satisfacerle. Yo puedo crecer y desarrollarme como persona. Yo puedo cambiar. ¿Dónde está la evidencia de que nunca podré? Esto es lo que trataré en el día de hoy..."

Esposo: "Mi trabajo no es en nada retador o emocionante, en lo absoluto. Mi vida no me satisface ya".

Pensamientos errados: *Minimizando* (descalificando lo positivo).

Repuesta: "Mi trabajo puede que no sea emocionante pero tiene un propósito. ¿Me he fijado en esto? ¿He pensado cómo este trabajo afecta a otros? Solamente porque mi trabajo no sea un reto para mí, ¿quién dice que por el resto de mi vida no puedo ser satisfecho? ¿Qué puedo hacer en estos momentos para enriquecer mi vida?"

Esposa: "Posiblemente voy a echar a perder esta receta. Entonces mi esposo se enojará conmigo y no me hablará por el resto de la noche".

Pensamientos errados: *Precipitándose en conclusiones*

Respuesta: "Yo no tengo que ser una cocinera perfecta. Yo lo podré hacer mejor la próxima vez, si es que no me sale bien. Si él se enoja, le puedo decir que yo también estoy desilusionada, pero que no es el fin del mundo".

Esposo: "¿De qué vale que yo haga esto por ella? A ella no le va a gustar o posiblemente ni siquiera lo note".

Respuesta: "Yo no tengo forma de saberlo. Al menos puedo tratar. Yo necesito darle a ella una oportunidad de responder. Puede que me sorprenda. Si a ella no le importa, no será el fin del mundo".[1]

COMO CONTROLAR SUS PENSAMIENTOS

Hay varias formas básicas de controlar automáticamente sus pensamientos y darse una oportunidad usted mismo de producir más comunicación positiva. Lo primero es el estar consciente de estos pensamientos siguiéndoles la pista de cerca. Escríbalos en un pedazo de papel o una tarjeta de 3 x 5 puede ser una forma de lograrlo.

Otra forma de eliminar pensamientos automáticos es aprender a contrarrestarlos o contestarlos. Contrarrestarlo es el traer sus pensamientos a juicio y examinar la evidencia. Pero usted puede hacer esto solamente si está consciente de ello. Usted necesita atrapar los pensamientos que vienen a su mente, y entonces, cuando está consciente de ellos, responderle con un pensamiento hecho a conciencia. No tiene que conformarse con los pensamientos automáticos o aquellos que concientemente se elaboran, puede escoger con precisión sobre lo que va a pensar.

He aquí algunos pensamientos típicos que probablemente entrarán en su mente en algún momento:

"Mi cónyuge nunca cambiará. El/ella siempre será ese tipo de persona".

"Yo nunca puedo satisfacer las necesidades de mi cónyuge".

"Si traigo el tema a colación, mi cónyuge se volverá a poner molesto".

"Si comparto lo que realmente sucedió, nunca confiarán en mí de nuevo".

"¿Para qué molestarme en preguntarle a él/ella de que comparta sus sentimientos? El/ella solamente se aislará de nuevo".

"El me odia".
"Yo sencillamente sé que tiene otro amor entre manos".
"¡El es tan desconsiderado! ¡Por qué no crecerá!"
"Yo tengo que tener todo perfecto en mi casa".

¿Qué opina?

¿Qué pensamientos vienen a tu mente? Enumérelos a continuación.

1.

2.

3.

4.

5.

6.

Cuando un pensamiento viene a su mente, ¿qué hace con él? Un pensamiento negativo o de enojo, cuando no se rechaza, se intensifica y expande. En 1 Pedro 1:13 se nos dice que: "Por tanto, ceñid vuestro entendimiento para la acción; sed sobrios en *espíritu*, poned vuestra esperanza completamente en la gracia que se os traerá en la revelación de Jesucristo". "Ceñir" requiere ejercicio mental. Pedro dice que tenemos que eliminar o echar fuera de nuestras mentes cualquier pensamiento que pueda estorbar el crecimiento en nuestra vida cristiana. Esto a cambio afectará nuestra vida matrimonial.

¿Qué piensa usted?

¿Qué piensa hacer para cambiar los pensamientos que enumeró anteriormente? ¿Qué hace usted para cambiar sus propios pensamientos? Póngalo en duda y rételos.

En un papel aparte responda estas tres preguntas:

1. ¿Cuáles de los pensamientos automáticos enumerados anteriormente son ciertos?
2. ¿Cómo sé si son verdaderos o falsos?
3. ¿Cuáles son algunas otras formas de pensar?

Recuerde, al contestar sus pensamientos automáticos, existen diferentes interpretaciones según la situación. Algunas interpretaciones están más cerca de los hechos que otras; por lo tanto, usted debe desarrollar tantas interpretaciones como sea necesario. A menudo confundimos nuestros pensamientos con hechos, aun cuando los dos no se relacionen necesariamente. El poner en duda sus pensamientos negativos o automáticos le va a ayudar a crear una nueva forma de pensamiento.

A continuación encontrará una lista de veinte preguntas que pueden ayudarle mucho al aprender este nuevo arte de retar sus pensamientos.

1. *¿Cuál es la evidencia?* Hágase usted mismo la pregunta. "¿Podrá este pensamiento mantenerse en una sala de justicia? ¿Será acaso evidencia circunstancial?" Sólo porque su esposo

se le olvidó llamarle cuando estaba llegando tarde a cenar un día, no significa que no puede contar con él para nada. Solamente porque usted tropezó al entrar en su clase de escuela dominical y todo el mundo se rió, no significa que volverá a tropezar o que ellos piensen que es un tonto.

2. *¿Estoy cometiendo un error cuando pretendo determinar las causas de un problema?* A menudo es difícil determinar las causas. Muchas personas se preocupan por su peso, y si ganan peso entonces asumen la actitud de, "yo no tengo fuerza de voluntad". ¿Pero, será acaso esa la única razón? ¿Podrían haber otras causas como desequilibrio glandular, el usar la comida como una forma de manejar su falta de felicidad, etcétera? Nosotros no sabemos con certeza las causas de la obesidad. La profesión médica está aún estudiando el problema.

3. *¿Estaré confundiendo un pensamiento con un hecho?* ¿Dice usted, "siempre he fracasado antes, así que por qué razón pienso que esta vez será diferente?" El llamarse a sí mismo un fracasado y luego creer en el apodo que usted mismo se ha puesto, no significa que la etiqueta que se ha puesto está correcta. Examine los hechos consigo mismo y con otros.

4. *¿Estaré lo suficientemente cerca de la situación para saber con certeza lo que está sucediendo?* Puede que tenga en el pensamiento, "Yo no les caigo bien a los padres de mi esposa, y posiblemente desearían que ella me dejara". ¿Cómo sabe usted lo que ellos están pensando? ¿Es su fuente de información correcta? ¿Cómo puede determinar los hechos?

5. *¿Estoy pensando en todos los términos o en ninguno?* Muchas personas ven la vida en blanco y negro. El mundo es maravilloso o terrible. Los hombres son todos buenos o todos malos. Todas las personas deben ser temidas. De nuevo, ¿dónde encontró esta idea? ¿Cuáles son los hechos?

6. *¿Estaré usando palabras de ultimátum en mis pensamientos?* "Yo debo siempre ser puntual o no le gustaré a nadie". Esa es una declaración injusta hecha contra usted mismo o cualquier persona.

7. *¿Estaré tomando ejemplos fuera de contexto?* Una mujer escuchó a un instructor hablando con otro instructor sobre ella. Ella pensó que el instructor decía que ella era rígida, impulsiva y dominante. Afortunadamente ella verificó la conversación con uno de los instructores y descubrió que ella había sido descrita como una persona que tiene altos principios y determinación. Las palabras habían sido habladas en un contexto positivo, pero por su tendencia de pensar lo peor, ocurrió la distorsión.

8. *¿Estoy siendo honesto/a conmigo mismo?* ¿Estoy tratando de engañarme a mí mismo, o fabricar excusas o echarle la culpa a otras personas?

9. *¿Cuál es la fuente de mi información?* Son sus informaciones exactas, confiables, digna de confianza? ¿Y, usted la está escuchando correctamente? ¿Le pide a la persona que repita lo que ha dicho y lo verifica?

10. *¿Cuál es la probabilidad de que este pensamiento ocurra?* Quizás su situación es una situación tan rara, que existe poca probabilidad de que su preocupación se haga realidad. Un hombre tenía el pensamiento de que porque había faltado al trabajo por dos días, sería despedido. Después de retar el pensamiento negativo él dijo: "Bueno, yo he trabajado allí por varios años y tengo un buen registro. ¿Cuándo fue la última vez que alguien fue despedido porque faltó al trabajo dos días? ¿Cuándo fue la última vez que alguien fue despedido?"

11. *¿Estoy asumiendo que toda situación es igual?* Solamente porque no se llevaba bien con las personas en los últimos dos trabajos, no significa que usted no se llevará bien en el nuevo. Solamente porque echó a perder una receta en una ocasión, no significa que la echará a perder la próxima vez.

12. *¿Estoy enfocando mi atención en hechos irrelevantes?* Por supuesto que su cónyuge es imperfecto y de que hay problemas en el mundo, y las personas se enferman físicamente y mentalmente, y de que hay crimen, etcétera. ¿Qué problema resuelve usted estando sentado, sin hacer nada,

preocupándose sobre ellos, o deprimiéndose a causa de ellos? ¿Cómo puede usar su tiempo de pensamiento en forma más productiva?

13. *¿Estaré perdiendo de vista mis fortalezas?* Las personas que se preocupan o que se deprimen, definitivamente pierden de vista sus cualidades positivas. Ellas no se tratan a sí misma como a un amigo. Estas personas son duras consigo misma y su enfoque cae sobre los supuestos defectos en vez de identificar sus fortalezas y alabar a Dios por ellas. Es importante no solamente enumerar sus fortalezas sino también recordar momentos de su pasado cuando tuviste éxito.

14. *¿Qué deseo?* Esta es una pregunta que les hago a las personas una y otra vez durante la consejería. ¿Qué metas has puesto para tu matrimonio? ¿Para tus preocupaciones? ¿Qué deseas de la vida? ¿En qué deseas que tu vida fuese diferente? ¿Cómo deseas que mejoren tus comunicaciones?

15. *¿Cómo me acercaría a esta situación si no me estuviese preocupando por ella?* ¿Tendría la tendencia de hacerla peor de lo que es en realidad? ¿Estaría tan inmóvil por causa de nuestro problema de comunicación como lo estoy ahora? Imagínese cómo usted reaccionaría si creyera que tiene la capacidad de manejar el asunto.

16. *¿Qué puedo hacer para resolver la situación?* ¿Acaso mis problemas estarán guiándome a una solución para este problema, o haciéndolo peor? ¿He escrito una solución para este problema? ¿Cuándo fue la última vez que traté una táctica diferente hacia este problema?

17. *¿Me estoy haciendo, preguntas que no tienen respuestas?* Preguntas como, "¿cómo puedo arreglar el pasado?" "¿Por qué tuvo esto que suceder?" "¿Por qué él/ella no puede ser más sensible?" o "¿Por qué me sucedió esto a mí?" A menudo preguntas como estas pueden ser respondidas con otra pregunta, "¿por qué no?" ¿Qué tal si algo terrible sucede? "¿Bueno, que tal si pasa?" ¿Por qué pasar tiempo haciéndose preguntas que no pueden ser contestadas?

18. *¿Cuáles son las distorsiones en mi propio pensamiento?* El primer paso para vencer los errores es identificarlos. ¿Usted

asume algo sobre algún asunto, o se precipita a llegar a conclusiones? ¿Cuáles son? La mejor forma de manejar una suposición es verificarla. Busque los hechos. 19. *¿Cuáles son las ventajas y desventajas de pensar en esta forma?* ¿Cuáles son las ventajas de preocuparse? Enumérelas en un papel. ¿Cuáles son las ventajas de pensar que no le cae bien a otras personas? ¿Cuál es el beneficio de cualquier tipo de pensamiento negativo? 20. *¿Qué diferencia hará esto en una semana, un año o diez años?* ¿Se acordará de lo que sucederá en el futuro? de aquí a cinco años, ¿quién se acordará que su camisa estaba mal abotonada? ¿A quién le importará? Nosotros pensamos que nuestros errores son más importantes para otras personas, de lo que verdaderamente lo son. Si alguien escoge, de aquí a diez años, el recordar algo que usted dijo o hizo que le molestó, ese es un problema de esa persona, no de usted.[2]

Para crear nuevas interpretaciones, escriba todas las posibles interpretaciones. Enumere cuantas les sea posible, ambas, las automáticas y las de pensamientos conscientes. Rete cada pensamiento y escriba nuevas interpretaciones. Luego actúe en su nueva interpretación si es que es necesaria la acción.

¿Qué piensa usted?

Hay aun otra manera de evaluar y controlar el hablarse a sí mismo en forma automática. Tome por ejemplo un evento que haya ocurrido recientemente en su matrimonio. Usando el bosquejo que a continuación le damos, escriba brevemente en la columna de "hechos y eventos" lo ocurrido. Luego escriba todas las "conversaciones internas" que usted haya hecho. Escriba positivo, negativo o neutral después de cada una.

Después de completar esto, simplemente describa las emociones y sentimientos que fueron activados por su propia conversación interior. Entonces diga lo que realmente usted dijo. Vaya a la próxima columna cuando haya completado la primera.

La próxima columna es "verificando la cinta de video".

Mire lo que escribió bajo la letra A y pregúntese a sí mismo, "si yo hubiera hecho una cinta de video de este evento, ¿la cinta me hubiera apoyado en mi descripción de los hechos?" Las cintas de video registran hechos, no creencias u opiniones.

Luego en la letra B, evalúe su conversación interna. ¿Fue su conversación interna basada en los hechos y las realidades objetivas? Bajo la letra C, ¿cómo le gustaría sentirse la próxima vez que una situación similar surja? Recuerde que estos sentimientos vendrán de lo que usted se *diga* a sí mismo. Luego diga lo que usted piensa que dirá, basándose en la forma que responderá con sus nuevas emociones.

Luego, bajo el #2, escriba "lo que he aprendido de esta experiencia".

1. Evalúe la experiencia reciente.

Una experiencia reciente	Verificando la cinta de video
A. Hechos y eventos	A. Evaluando los hechos
B. Mi conversación interna	B. Evaluando su conversación interna
C. Mis consecuencias emocionales	C. ¿Cómo se sentiría con esto?
D. Lo que dije en la conversación verbal	D. ¿Qué dirá la próxima vez?

2. Lo que aprendí de esta experiencia:

PODER PARA CAMBIAR

¿Qué dice la Escritura sobre nuestras conversaciones internas o el hablarnos a nosotros mismos? En el libro de Lamentaciones, Jeremías está hablando de su depresión. Sus síntomas son muy intensos y él se siente miserable. El piensa constantemente en su miseria que lo deprime aún más. El escoge el pensar de esta forma. "Acuérdate de mi aflicción y de mi vagar, del ajenjo y de la amargura. Ciertamente *lo* recuerda y se abate mi alma dentro de mí"(3:19-20 BLA).

El luego comienza a cambiar su conversación interna y dice, "Esto traigo a mi corazón, por esto tengo esperanza"(3:21).

La conversación interna genera y crea imágenes en nuestras mentes. A medida que las imágenes comienzan a surgir en nuestra mente, nuestra imaginación ha sido puesta en acción. A medida que corremos las imágenes por la pantalla panorámica de nuestra mente, nuestra conversación es expandida y reforzada. Note lo que otros han dicho sobre el papel de la imaginación en nuestra vida.

La imaginación es a las emociones lo que las ilustraciones son al texto, lo que la música es a la balada. Es la habilidad de formar imágenes, de visualizar situaciones irritantes o de temor en forma concreta. La imaginación refuerza los pensamientos, los pensamientos intensifican los sentimientos, y todo el sistema se carga.

La imaginación es mucho más fuerte que ningún otro poder que poseemos, y los psicólogos nos dicen que en ocasiones, cuando la voluntad y la imaginación están en conflicto, la imaginación siempre gana. Cuán importante es entonces que nosotros nos rindamos a la ayuda del Salvador para nunca enviar las imágenes equivocadas a la pantalla de nuestras mentes, porque la imaginación, literalmente tiene el poder de hacer las cosas que nos imaginamos, reales y efectivas.[3]

Con la práctica puedes hacer que tus pensamientos se enciendan y se apaguen. Para hacer esto, tienes que poner las cosas en la perspectiva apropiada. Mientras la persona practique más el controlar sus pensamientos, así será la mayor posibilidad de lograrlo. No tenemos que actuar de acuerdo con nuestra conversación interna, o sentimientos.

La Escritura tiene tanto que decir sobre el pensar y la vida del pensamiento. Las palabras *pensar, pensamiento* y *mente* son usadas más de 300 veces en la Biblia. El libro de Proverbios dice, "Pues como piensa dentro de sí, así es"(Proverbios 23:7 BLA).

Las Escrituras indican que nuestra mente es a menudo la base para las dificultades y problemas que experimentamos. "Porque la mente puesta en la carne es muerte, pero la mente puesta en el Espíritu es vida y paz; ya que la mente puesta en la carne es enemiga de Dios, porque no se sujeta a la ley de Dios, pues ni siquiera puede hacerlo" (Romanos 8:6-7 BLA).

Dios conoce nuestros pensamientos."Todos los caminos del hombre son limpios ante sus propios ojos, pero el Señor sondea los espíritus" (Proverbios 16:2, BLA). "Porque la palabra Dios es viva y eficaz y más cortante que cualquier espada de dos filos; penetra hasta la división del alma y del espíritu, de las coyunturas y los tuétanos, y *es poderosa* para discernir los pensamientos y las intenciones del corazón" (Hebreos 4:12, BLA).

El cristiano no tiene que ser dominado por los pensamientos del viejo hombre, de los viejos patrones. El ha sido libertado. "Porque Dios no nos ha dado espíritu de cobardía, sino de poder, de amor, y de dominio propio (vea 2 Timoteo 1:7). Sanidad significa que la mente renovada puede hacer lo que se supone que haga, que pueda hacer su función.

¿Qué puede hacer usted? Permita que su mente se llene de la mente de Cristo. Hay Escrituras que ponen responsabilidades precisas, en este sentido, sobre los cristianos. En Filipenses 2:5,(BLA) Pablo ordena: "Haya, *pues*, en vosotros esta actitud que hubo también en Cristo Jesús". Esto puede ser traducido, "Esté constantemente pensando esto dentro de usted, o refleje en su propia mente la mente de Cristo Jesús". El significado aquí para las palabras "este sentir" es "el tener entendimiento, ser sabio, el dirigir nuestra mente hacia algo, que perseguimos o deseamos" (vea Wuest's Word Studies en *The Greek New Testament* para explicación).

La verdad principal aquí es para el cristiano, para que emule en su vida con las virtudes de Cristo Jesús como son presentadas en los versos anteriores. "Haced completo mi gozo, siendo del mismo sentir.... Nada hagáis por egoísmo o por vanagloria, sino con actitud humilde cada uno de vosotros considere al otro como más importante que sí mismo" (Filipenses 2:2-3, BLA).

En los versos 6 al 8 se nos da otro ejemplo de Cristo, ejemplo de humildad. Esta humildad se logra a través de la sumisión a la voluntad de Dios. La mente de Cristo conocía a Dios y se sometía a El. Un cristiano que sigue a Cristo Jesús tiene que entregar su mente en sumisión a Dios. Recuerde en 1 Pedro 1:13, se nos dice que ciñamos nuestro entendimiento. Esto conlleva esfuerzo mental, poniendo fuera de nuestras mentes cualquier cosa que estorbe el progreso. Pensamientos de preocupación, temor, lujuria, odio, celos, y mala disposición deben ser eliminados de nuestra mente. Esto incluye conversaciones internas negativas y no realísticas. "Por lo demás, hermanos, todo lo que es verdadero, todo lo digno, todo lo justo, todo lo puro, todo lo amable, todo lo honorable, si hay virtud alguna, si algo que merece elogio, en esto meditad" (Filipenses 4:8 BLA).

¡Recuerde, sus conversaciones internas determinarán sus conversaciones externas!

¿Qué piensa usted?

1. ¿Cómo me trato yo mismo? (Descríbalo.) ¿Cómo me voy a tratar a mí mismo esta semana?

2. ¿Habré pensado alguna vez de mí mismo como mi propio padre? (Descríbalo.)

3. ¿Qué tipo de mensajes paternal me doy yo mismo? (Enumere cinco.)

4. ¿Me trato a menudo a mí mismo con desprecio y falta de respeto? Si fuera así, cuáles son algunos de los pensamientos de desprecio y falta de respeto?

5. ¿Me castigo a mí mismo a veces? ¿Cuáles son mis pensamientos de aflicción? (Enumérelos.)

6. ¿Me exijo y espero demasiado de mí mismo? De nuevo, ¿qué es lo que me digo a mí en este sentido?

7. ¿Reflejará mi concepto de Dios, la forma en que me trato a mí mismo? ¿Cómo me hablaría un Dios amoroso sobre los pensamientos que he enumerado anteriormente?

8. ¿Acaso Dios me trata de la misma forma que yo me trato a mí mismo? Si no es así, ¿en qué difiere Su forma de tratarme a la mía?

9. ¿Qué dice las siguientes Escrituras sobre la forma en que yo debo verme a mí mismo? (Léalas y escriba su respuesta a cada una de ellas.)

Salmos 139:14-16

Efesios 2:10

Filipenses 1:6

1 Pedro 2:9

1 Corintios 4:2-5

2 Corintios 12:9

Lucas 1:37

Salmos 1:1

Filipenses 4:6-7

1 Juan 1:9

Isaías 40:31

Salmos 32:8

10. ¿Cuáles son diez pensamientos positivos que yo tengo sobre mi cónyuge?

11. ¿Cuáles son cinco pensamientos positivos en los cuales me concentraré cada día de esta semana referente a mi cónyuge?

12. Enumere varios comentarios que he hecho con mi cónyuge e identifique la conversación interna que generó el pensamiento.[4]

Notas

1. Adaptado por Gary Emery, *A New Beginning: How You Can Change Your Thoughts Through Cognitive Therapy (New York: Simon & Schuster, 1981), página 54.*

2. Ibid. Página 59-63

3. Alexandre White, as quoted by Hannah Hurnard, Winged Life (Wheaton, IL.:Tyndale House Publishers, 1975).

4. Adaptada por Jerry Schmidt, Do You Hear What You're Thinking?(Wheaton, IL: Victor Books, 1983), páginas 23-24.

CAPITULO TRES

MENSAJES DEL PASADO

¿Siente libertad para comunicarse en la forma que quiere? ¿Son sus pensamientos y palabras un reflejo de cómo se siente ahora, o están éstos ligados a un patrón por causa de influencias pasadas?

En América del Norte el credo de independencia es tan fuerte que sentimos una necesidad de alcanzar nuestra propia independencia individual. "Yo soy yo mismo"; "Yo me remonto a mis propias experiencias y a mi pasado". Suena bien, pero la mayoría de nosotros no somos tan independiente y libres como nos gustaría creer que somos. Nuestra conversación externa viene de nuestra conversación interna. ¿Pero dónde se origina nuestra conversación interna?

Para muchos de nosotros, las relaciones sin resolver y temas del pasado están aún dirigiendo nuestras vidas y enmarañando las comunicaciones. Algunos de nosotros inclusive sufrimos por causa de un pasado resuelto y enterrado a medias. Porque nosotros reaccionamos y respondemos a los demás en base de relaciones pasadas sin resolver, nosotros en realidad le damos carácter perpetuo a estas dificultades.

Algunos de nosotros llevamos heridas del pasado, otros llevamos cicatrices. Algunos de nosotros hemos enterrado nuestros recuerdos dolorosos, y esperamos que esos recuerdos nunca se repitan.

A medida que envejecemos nuestro almacén de recuerdos va en aumento. Nuestras personalidades y apariencia en general son el resultado de esos recuerdos. Muchos de nuestros sentimientos de gozo, dolor, enojo o deleite están unidos a cómo nosotros recordamos los eventos y experiencias.

Usted y yo vamos a recordar los mismos eventos de formas muy diferentes. Por ejemplo, yo puedo recordar lo agradable y deleitoso de un día en las montañas, en una caminata hacia un lago. Usted puede que recuerde el viaje de diez horas, el levantarse a las 4:00 de la mañana y el sentirse exhausto durante tres días. Ambos experimentamos los mismos eventos pero diferentes aspectos del mismo hicieron una impresión diferente en nosotros.

De la forma que recordemos un evento, y su significado, así serán sus influencias en las reacciones presentes. Nuestras emociones están bien unidas a nuestros recuerdos. Henri J.M. Nouwen dijo: "El remordimiento es un recuerdo que se ajusta, la culpa es un recuerdo acusador, la gratitud es un recuerdo alegre, y todas esas emociones son profundamente influenciadas por la forma que hemos integrado los eventos pasados a nuestra forma de ser en el mundo. En realidad, nosotros percibimos nuestro mundo con nuestros recuerdos".[1] Muchos de los sufrimientos en los matrimonios hoy día son causados por los recuerdos. El aniversario olvidado, la discusión amarga, el descubrimiento de un romance ilícito, y un sinnúmero de otros eventos continúan creando llagas y calentando nuestras mentes. En ocasiones tratamos de esconder estos recuerdos en los rincones de nuestras mentes. La respuesta usual a un recuerdo desagradable es el reprimirlo u olvidarlo. ¿Quién desea recordar los dolores del pasado? Vivamos la vida, como si no hubiesen ocurrido.

El esconderlos, sin embargo, impiden que sean completamente sanados. De esa forma continúan actuando como anclas que arrastramos con nosotros a medida que cojeamos por la vida. Cuando nosotros enterramos recuerdos y heridas, las enterramos vivas. Y sus resurrecciones vienen cuando menos lo esperamos. Los recuerdos dolorosos tienen que ser desenterrados y enfrentados para que la sanidad ocurra.

Los recuerdos enterrados del pasado surgen de nuevo cuando nos encontramos con problemas en nuestro matrimonio, y el pasado puede que determine cómo vamos a lidiar con esos problemas. Algunos se casan esperando que el matrimonio les pueda servir como forma para borrar el pasado. Sin embargo, muy pronto descubren que el pasado está unido a ellos. El matrimonio no cambia nuestro pasado, más bien trabaja de forma opuesta. El matrimonio puede revelar heridas pasadas, y todo nuestros esfuerzos de mantener esos recuerdos escondidos pueden eventualmente resultar en un matrimonio en decadencia.

DONDE COMIENZAN LOS RECUERDOS

¿Dónde comienzan nuestros recuerdos? ¿Cómo pueden éstos influenciarnos a nosotros y a nuestro intento de comunicarnos con nuestros cónyuges hoy?

¿Cuál es el recuerdo más antiguo que puede recordar? Uno de mis primeros recuerdos, es una serie de imágenes que vienen a mi mente, cuando pienso en un viaje que hice con mis padres a través de los Estados Unidos, a la edad de cuatro años. ¿Cuáles son los primeros cinco recuerdos tiene en su mente? Un recuerdo doloroso para mí, fue una golpiza que recibiera con una vara por haberme portado mal.

Los recuerdos de la niñez, son más que recuerdos. Son sentimientos y actitudes de los primeros años, los que pueden determinar nuestras reacciones en el presente. Algunos pueden hacer posible que vayamos hacia adelante en nuestra vida. Otros interfieren. Recuerdos desagradables reprimidos, traen conflicto con su vida de adulto. Doctor Hugh Missildine, describe estos recuerdos como "el niño interior del pasado". Este niño todavía quiere controlar su vida. Parte de su incomodidad surge por causa de que muchos de estos sentimientos no son razonables para un niño, pero ellos parecen indeseables e irracionales para un adulto.

Hay ocasiones cuando nos preguntamos: "¿Por qué tengo que *decir* lo que hago?" "¿Por qué *actúo* de esta forma?" "¿Qué está mal conmigo?" "¿Por qué me siento así?" Puede que nos enojemos contra nosotros mismos por causa de estos sentimientos. Puede que inclusive nos critiquemos a nosotros mismos por causa de estos sentimientos internos. Pero el intentar negarlos o reprimirlos, sólo crea una incomodidad mayor. Por no compartir estas luchas con otras personas, las dificultades aumentan.

Muchos de nuestros recuerdos caen en la categoría de conflictos de la niñez sin resolver, su "niño del pasado". ¿Quién usualmente le responde a un niño? Sus padres. Pero, ¿qué es lo que haces cuando eres ya un adulto y los padres no están alrededor o han muerto? ¿Quiénes son los padres del "niño" entonces? Usted mismo. Ya se haya dado cuenta o no, usted ha asumido las actitudes y creencias de sus padres, así que usted reacciona hacia sí mismo y hacia otros de la forma que ellos lo hicieron, aunque estas actitudes no son las suyas. En parte, usted reacciona a la vida, como un adulto maduro, y en parte como el niño de su pasado.

Al convertirse en su propio padre, usted se sujetó a patrones antiguos del pasado, porque éstos le son familiares. Y usted cede a ellos aunque le hieran, porque para vivir en el presente que le es poco familiar, significa que tiene que romper con todo lo familiar. Y toma esfuerzo romper con el pasado.

Nuestro pasado surge más claramente cuando nos casamos. Doctor Hugh Missildine ha sugerido, ¡que el matrimonio envuelve cuatro personas y no *dos*! Están los dos adultos que actúan en el presente y los dos niños que reaccionan por causa de su trasfondo familiar y sus recuerdos. Esto ciertamente, complica un matrimonio, ¡por no decir algo peor! Sin darnos cuenta, traemos al matrimonio, aspectos escondidos de nuestra naturaleza de la niñez. Todos hacemos esto, aunque hemos escuchado la exhortación de la Escritura una y otra vez: "Cuando yo era niño, hablaba como niño, pensaba como niño, razonaba como niño; *pero* cuando llegué a ser hombre, dejé las cosas de niño" (1 Corintios 13:11, BLA).

Durante el noviazgo, tratamos de enfatizar las cualidades de nuestro adulto maduro, tratando de impresionar a la otra persona. Pero una vez que nos casamos, descansamos. Convertimos nuestro nuevo hogar en un lugar de comodidad y pronto nos sentimos familiares con nuestro medio ambiente. Ahora nos desenvolvemos en una atmósfera donde podemos permitir que surjan a la superficie los patrones del pasado. ¿No ha escuchado al esposo o a la esposa decir: "El no era así antes de casarnos?" O,"yo no conocía este lado de su personalidad".

Los recuerdos de una esposa pueden ser de una casa que parecía un museo. Ella puede recordar a su mamá cuando le decía durante años que una buena esposa mantiene su casa impecable. Así que nunca permita que su casa se riegue. Ella desea ser una buena esposa, ¿no es cierto? Su esposo, sin embargo, ve la casa como el lugar de su refugio y desorden, ¡donde no existe la limpieza ni el orden! ¿Por qué? Porque él también tiene sus mensajes e imágenes del pasado, y quizás él está siguiendo el ejemplo dado por su propio padre. Muchos de nosotros de forma consciente o inconsciente tratamos de duplicar los patrones familiares de nuestra niñez.

El niño en nosotros tiene enormes expectativas. Como nos comunicamos en el hogar de nuestra niñez, así será en nuestro matrimonio. En mucho de los casos la diferencia en los patrones de comunicación y estilo entre el esposo y la esposa es tan complicado como lo es la unión de dos naciones extranjeras. Doctor Missildine tomó este concepto un paso más adelante. "Generalmente, para poder lograr el sentimiento del 'hogar' dentro de nuestro matrimonio, nos tratamos a nosotros mismos de la misma forma que nuestros padres nos trataron. La antigua atmósfera emocional de 'casa' en nuestra niñez es copiada lo más exacta posible, incluyendo muchas actitudes dolorosas que pueden haber caracterizado el estilo de vida pasada de nuestra familia. Nosotros con frecuencia inclusive invitamos a nuestro cónyuge a que nos trate de la forma que lo hicieron nuestros padres, sin saberlo buscamos su aprobación y dependemos de su evaluación sobre nosotros, de la misma forma en que en una ocasión buscamos la aprobación y el amor de nuestros padres. Esto es, en cierta forma, lo que está sucediendo cuando su cónyuge se rehúsa, quizás por culpa o renuncia, de tomar responsabilidad o de 'actuar como un bebé'".[2]

Si pudiéramos darnos cuenta de que cada uno de nosotros tenemos dos partes, una parte como adulto y otra parte como niño dentro de nosotros y que ésta (se espera que esté) aún en etapa de crecimiento; entonces podremos llegar a aceptarnos mejor el uno al otro.

¿Qué piensa usted?

¿Cómo podemos descubrir, si nuestro pasado nos ha influenciado? ¿Cómo podemos descubrir nuestros patrones de reacción del pasado?

1. Evalúe su vida y complete su propia historia familiar.

   a. Enumere lo que usted sienta que son/fueron las cualidades positivas de su padre.

   b. Enumere lo que usted siente que son/fueron las cualidades negativas de su padre.

   c. Describa cómo le hacen/hicieron sentir las actitudes de su padre.

   d. ¿Qué emociones él expresó/expresa abiertamente a usted y cómo?

   e. Describa cómo usted y su padre se comunican/comunicaron.

   f. Describa las experiencias más placenteras y desagradables con su padre.

   g. ¿Qué mensaje le ofreció su padre sobre usted mismo? ¿Fueron positivos o negativos? Por favor, descríbalo.

   h. Describa cómo su padre le castigó o le criticó.

   i. ¿En qué es usted diferente de su padre?

   j. Enumere lo que usted siente que son/fueron las cualidades positivas de su madre.

   k. Enumere lo que usted siente son/fueron las cualidades negativas de su madre.

   l. Describa cómo usted se siente/sintió con su madre.

m. ¿Qué emociones ella expresó/expresa abiertamente y cómo?

n. Describa cómo usted y su madre se comunican/comunicaron.

o. Describa las experiencias más placenteras y las más desagradables con su madre.

p. ¿Qué mensajes le dio su madre sobre usted mismo? ¿Fueron positivos o negativos? Por favor descríbalos.

q. Describa cómo su madre le castigó o le criticó.

r. ¿En qué formas es usted diferente de su madre?

2. Describa en la siguiente figura (trazando una línea) la historia de su relación personal con su padre desde la infancia hasta el momento presente.

Muy cercana					
Cercana					
Distante					
	Nacimiento-5	5-10	10-15	15-20	20-tiempo presente

¿Qué hizo que la relación fuese cercana?

· ¿Qué hizo que la relación fuese distante?

3. Describa en la próxima figura (trazando una línea) la historia de su relación personal con su madre desde la infancia al tiempo presente.

Muy
cercana

Cercana

Distante

Nacimiento-5   5-10   10-15   15-20   20-tiempo
presente

¿Qué hizo que la relación fuese cercana?

¿Qué hizo que la relación fuese distante?

4. Indique en la próxima figura (trazando una línea) la historia de su relación con los hermanos del sexo opuesto y de edad más próxima a la suya.
(Si no hay ninguno del sexo opuesto, use del mismo sexo.)

Muy
cercana

Cercana

Distante

Nacimiento-5   5-10   10-15   15-20   20-tiempo
presente

5. Describa la relación que tuvieron sus padres mientras usted crecía. ¿Expresaban sus sentimientos abiertamente? Descríbalo. ¿Discutieron o pelearon alguna vez? Descríbalo. ¿Había uno dominante? Descríbalo. Describa los tipos de dificultades que usted percibía entre sus padres. ¿Cómo usted se sentía en cuanto a la relaciones entre ellos?

6. ¿A qué le temías más cuando eras niño (crítica, fracaso, rechazo, competencia, obscuridad, ser herido)? Hable lo mejor que pueda sobre las circunstancias en las cuales era más probable que usted sintiese esos temores. Dé ejemplos.

7. ¿Tuvo usted algún entrenamiento cristiano? Describa el papel que Dios ha jugado en su vida. ¿Qué preocupaciones, temores o problemas usted ha tenido en relación con Dios? ¿Cuándo fue que se percató de ellos por primera vez? ¿Cuál ha sido la mayor preocupación para usted?

8. Enumere diez adjetivos que le describan a usted.

1. ————————	6. ————————
2. ————————	7. ————————
3. ————————	8. ————————
4. ————————	9. ————————
5. ————————	10. ————————

¿Cuál de estos adjetivos son característicos en lo siguiente?

Cónyuge ————————————————————————

Padre ——————————————————————————

Madre ——————————————————————————

Hermano —————————————————————————

Hermana —————————————————————————

Amigo ——————————————————————————

9. ¿En cuál de las siguientes líneas se pondría usted en su relación actual con sus padres?

————————————————————————————————

completamente   completamente
dependiente   independiente

10. Escriba su recuerdo más antiguo.

Una de nuestras funciones como adultos es el identificar nuestros pensamientos y sentimientos y descubrir sus orígenes. El reconocerlos puede que sea la función más fácil; el aceptarlos o modificarlos será difícil. Muchos de estos recuerdos (pensamientos y sentimientos) son la base de cómo nos sentimos sobre nosotros mismos. Estos también nacen de la niñez, la continuación de nuestro pasado que puede haber sido un producto de las actitudes de nuestros padres a largo plazo. Pero el acusar a nuestros padres por quiénes somos y lo que somos hoy día, no tiene ningún valor. Todos los padres son falibles, todos nosotros cometemos errores. La mayoría de los padres lo hacen lo mejor posible. Nosotros somos ahora responsables de cómo nosotros continuamos tratándonos a nosotros mismos.

LAS DIFICULTADES EN COMUNICACIONES, PASADAS Y PRESENTES

Las dificultades en comunicarnos pueden ser basadas en nuestros recuerdos y patrones de nuestra niñez sin resolver ¿Alguna vez se ha preguntado, por qué una persona siempre está demandando, le pide a su cónyuge él/ella que actúe perfectamente, tiene unos niveles excesivamente altos de conducta que el otro tiene que ajustarse, y es breve en halagos y extenso en demandas y órdenes? Esta persona puede que sea un perfeccionista, usted podrá observarlo en el comportamiento de él/ella y su comunicación. Veamos a esta persona para observar la relación entre su pasado y su presente.

Es difícil vivir con un perfeccionista. Si usted es ese individuo, permítame ilustrarle lo que probablemente usted hace. Está demandando de usted mismo y posiblemente de su cónyuge. Aplica una energía tremenda para lograr la meta más escurridiza. Todo tiene que estar en su lugar; los colores tienen que combinar; cada artículo tiene que estar debidamente alineado sobre la mesa; tiene que decir la frase correcta; ser puntual; etcétera. Puede que le dé mucha atención al más mínimo detalle y se incomode cuando no pueda regular toda su vida o la vida de su compañero. El problema es que nunca está satisfecho con su comportamiento o el de su cónyuge.

Experimenta éxito, pero aún se siente vacío y no satisfecho. Puede que usted se sienta como un "exitoso fracasado". Muchos individuos son versados y exitosos, ellos pueden descansar en lo que han logrado y se sienten bien en cuanto a sus adquisiciones. A menudo lo que ellos hacen beneficia y sirve a otros. Ellos están satisfechos. Sin embargo, el perfeccionista, lucha por su propio beneficio y no encuentra satisfacción. Su lamento es: "¡Tengo que hacerlo mejor, mejor, mejor!"

Un perfeccionista probablemente recibió mensajes de sus padres que incluían: "Tú puedes hacerlo mejor"; "eso no es suficientemente bueno"; "hazlo siempre mejor que los demás"; "recibirás amor si logras hacerlo"; "gánele al próximo muchacho". Nosotros recordamos comentarios, palabras, alabanzas retenidas, mensajes con doble sentido, caras tristes, muecas, señales de disgusto, peticiones de más de esto o aquello, etcétera. Y de esa forma el martirio de seguir tratando se perpetúa.

El perfeccionista tiene el continuo objetivo de complacer a sus padres. Quizás ellos ya no estén alrededor, pero su mensaje paternal es un recuerdo de la niñez que continúa activo. Esto colorea las conversaciones interiores del perfeccionista y por ese motivo también en como reacciona en el exterior. Aquellos alrededor de él, tienen también que representar su papel. "Si yo tengo que ser perfecto, también ellos tienen que serlo. Tengo que instarlos, criticarlos, corregirles, hacerlos perfectos como yo tengo que ser perfecto. Nunca suavizar la mano con ellos. Todo el mundo puede hacerlo mejor". ¿Qué sucede cuando otros fallan y no logran ser perfectos? El perfeccionista se vuelve ansioso porque la falta de comportamiento perfecto en los demás provoca un despertar de sus propios sentimientos de pequeñez. Sus sentimientos son que nadie nunca logra el éxito, incluyéndose él. Su lucha es por un deseo de escapar de este sentimiento constante que le dice, "yo pude haberlo hecho mejor".

En las relaciones, el mensaje es, "pudiste haberlo hecho mejor". Siempre está presente la promesa tenue de aceptación futura si tan sólo hubieras hecho un mejor trabajo. Pero nunca ocurre en realidad. El patrón de comunicación del perfeccionista refleja sus sentimientos. Al continuar usando las mismas expresiones que minimizan y los comentarios que logran dañarse a sí mismo y a sus relaciones con los demás.

Nosotros no necesitamos una lista de logros para probar que somos personas de valor. Cuando pensamos sobre nuestro valor en términos de logros en vez de en términos de dones, terminamos martirizándonos. No necesitamos temer el perder nuestro valor, porque la estimación de Dios por nosotros no está basada sobre nuestras calificaciones. El nos creó a Su imagen como personas de valor y aprecio. Si nosotros sentimos que nuestro valor tiene que ser alcanzado, entonces tendremos que estar constantemente preocupados sobre cualquier amenaza a nuestro comportamiento.

El temor al fracaso del perfeccionista es un temor de sentirse con falta de méritos. El ha aprendido a enfatizar más lo que no tiene que lo que tiene. Pero cuando podemos creer que nuestros méritos son un regalo de Dios, nos volvemos libres para ariesgarnos, ya que nuestros méritos se mantienen estables, ya sea que logremos nuestra meta o no. Entonces somos libres para intentar nuevas aventuras que pudiera realzar este regalo que son nuestros méritos. La actividad de Dios en nuestras vidas actúa como una emancipación. Somos libres de la infracción de la temerosa duda y de la lucha por la perfección.

¿Qué piensa usted?

1. ¿De qué maneras usted necesita declararse libre?

2. ¿Qué mensaje de esclavo/amo aún le ata?

3. ¿En qué áreas necesitas pedirle a Dios que te libere?

Algunos de nosotros hemos venido aun de un hogar con un medio ambiente diferente, que afecta nuestra vida y nuestro matrimonio. Nuestros padres pueden haber pensado que la mejor forma de expresar su amor hacia nosotros era a través de regalos. ¡De niño se nos daba, daba y daba! Aún antes de pedir, ya recibíamos. Cuando no había ningún interés o necesidad de nuestra parte, cosas materiales, atenciones y servicios fueron provistos. El niño en este tipo de atmósfera hogareña tiene muy poca oportunidad de aprender lo que es la satisfacción por sus propios esfuerzos. El niño es puesto en casi un estado de dependencia pasiva y no aprende a tomar iniciativas. En vez, aprende a esperar que otros provean para él y le entretengan. Usted probablemente considerará a este tipo de persona como un egoísta o egocentrista.

¿Qué tipo de mensaje recibió este niño? El cree que otros deben y tienen que proveer para él. El no tiene que hacer mucho para recibir atención, afecto, regalos, etcétera. El demanda lo que desea y siente poca necesidad de proveer cualquier cosa a cambio. El es generalmente pasivo con altas expectativas de los demás. ¿Cómo afectará el matrimonio estos mensajes y recuerdos de la niñez? Vamos a ver.

Un cónyuge que ha sido demasiado mimado espera que su esposo/a le lea la mente, y cuando el cónyuge no lo hace, él/ella se queja, no necesariamente siempre de forma externa, sino en su conversación interior. El se siente frustrado, molesto, intranquilo y herido. Cuando llegan las quejas, pueden sonar como algo así:

"Mi esposa debiera saber que a mí me gusta..."

"Mi esposa debiera saber cómo yo me siento..."

"Mi esposo debiera hacer la mayoría del trabajo de la casa para que así yo pudiera salir..."

"¿Por qué tengo que decírselo? Si él me quisiera de veras, él sabría lo que yo deseo".

Esta persona sabe recibir pero no sabe dar. La intimidad y el envolverse de forma emocional en el matrimonio no puede desarrollarse. El no tiene ningún cuidado de frustrar a su compañera. El resiste cualquier esfuerzo de parte de su compañera para llegar a ser un miembro que contribuya en el matrimonio. El encontrará muchas formas de escapar cuando tiene que dar.

Estas son tan sólo dos breves ilustraciones de cómo nuestra niñez está aún con nosotros. Hay muchas otras formas en la que estos patrones se manifiestan.

CAMBIANDO EL EFECTO
DE NUESTROS RECUERDOS

¿Cómo puede ser cambiada la influencia de nuestros recuerdos? ¿Cómo puede ser alterado el mensaje de nuestra niñez?

El culpar nuestras circunstancias o nuestros padres no es la solución. Nuestros padres fueron humanos y falibles. Puede que nosotros sintamos resentimientos, enojos, y amarguras hacia ellos por lo que ellos hicieron o dejaron de hacer. Pero al hacer de ellos nuestro chivo expiatorio lo único que logramos es escapar de nuestra responsabilidad por la forma que somos hoy día. Nosotros podemos *hacer* algo sobre la *continuidad* de nuestras actitudes y recuerdos paternos que continúan influenciándonos. De esto *somos* responsables. Quizás si nos convertimos en mejores padres nosotros mismos, entonces podremos convertirnos en un hijo más maduro para nuestros padres.

Tampoco debemos esperar que nuestros padres cambien para nosotros entonces hacer nuestra vida diferente. Muchos de nosotros vamos por la vida sin haber tenido nuestra necesidades de aprobación, aceptación o reconocimiento suplidas por nuestros padres. Y nunca lo lograremos. Ninguna otra persona podrá lograr que sintamos en unos pocos días o meses lo que sentimos que nos faltó por años y años. El continuar la lucha para lograr las expectativas de nuestros padres o el querer poner una barrera en contra de su falta de amor, es algo vano. La solución es lograr llegar al punto donde podamos decir, "está bien que esto haya ocurrido, fue doloroso, pero puedo continuar mi vida sin la influencia del pasado. Está bien que ellos sean como son, y para mí el llegar a ser todo lo que pueda ser".

Joyce Landorf ha escrito uno de los libros más reveladores, de nuestro tiempo, sobre este tema, *personas irregulares*. Una persona irregular es una persona muy significativa en nuestra vida, posiblemente un hermano o un padre. Este individuo es emocionalmente ciego hacia nosotros y no puede darnos lo que nos parece que necesitamos de él o ella. La persona irregular continúa hiriéndonos, reforzando algunos de los mensajes negativos que ya hemos incorporado en nuestra vida. La afirmación que deseamos no vendrá.

En el libro, Joyce comparte una carta que recibiera del doctor James Dobson referente a su persona irregular. El escribe:

> Joyce, cada día me convenzo más que una gran parte de nuestros esfuerzos como adultos es invertido en la conquista de aquellas cosas que no logramos alcanzar en la niñez.

Mientras más doloroso sea ese primer vacío, mayor
será nuestra motivación de llenarlo más tarde en la
vida. Tu persona irregular nunca llenó tus necesidades que debiera haber suplido temprano en tu vida, y
yo pienso que aún guardas la esperanza que él se
convierta de forma milagrosa en la persona que nunca
ha sido. Por lo tanto, él te descorazona de continuo,
te hiere y te rechaza.

Yo pienso que serás menos vulnerable al dolor, cuando aceptes la realidad de que él no puede, o nunca
logrará proveerte el amor y compasión e interés que
debiera. No es fácil el lograr aislarte de esta forma ...
pero duele menos al no esperar nada que seguir
esperando en vano.

Me atrevo a suponer que las propias experiencias de
la niñez de su persona irregular son las responsables
de sus peculiaridades emocionales, y pueden quizás
ser vistas como su propio impedimento singular. Si él
fuese ciego, usted lo amaría a pesar de su falta de visión.
En cierto modo, él es emocionalmente "ciego". El está
ciego a tus necesidades. El está ajeno al dolor detrás
de los incidentes y del desinterés hacia tus logros, y
ahora la boda de Rick. Su incapacidad, lo hace incapaz de percibir tus sentimientos y anticipaciones. Si
puedes aceptarlo como un hombre con una incapacidad permanente, una que fue probablemente ocasio-
nada cuando *él* era vulnerable, lograrás protegerte de
lo punzante de sus rechazos.[3]

He aquí parte de la respuesta para hacernos libres y evitar
de este modo que nos volvamos una persona irregular para
otra persona. Nuestro primer paso es aceptar a esta persona
él/ella como es, y no esperar que la persona cambie.

El segundo paso es el recordar que esta persona ha experimentado probablemente el mismo trato negativo en algún
momento de su vida. Ahora usted tiene la oportunidad de
romper el ciclo. La Biblia dice: "No recordéis las cosas

Cada día me convenzo más que una gran parte de nuestros esfuerzos como adultos es invertido en la conquista de aquellas cosas que no logramos alcanzar cuando niños

anteriores, ni consideréis las cosas del pasado. He aquí, hago algo nuevo, ahora acontece; ¿no lo percibís? Aun en los desiertos haré camino y ríos en el yermo" (Isaías 43:18-19, BLA).

Lloyd Ogilvie sugiere que "lo que asegura de que tengamos una relación auténtica con Dios es que creamos más en el futuro que en el pasado. El pasado no puede ser una fuente de confianza ni de condenación. Dios en su gracia dividió nuestra vida en días y años para que dejáramos ir el ayer y anticipemos nuestros mañanas. Por los errores pasados, El ofrece perdón y la habilidad de olvidar. Por nuestros mañanas, El nos da el don de la expectativa y la emoción".[4]

PERDON LA LLAVE A UNA NUEVA VIDA

"¿Es justo el no poder deshacerse de un pasado doloroso? ¿Será justo el recibir golpes una y otra vez por la misma herida? La venganza es tener una película plantada en tu alma que no puede ser apagada. Enseña la misma escena dolorosa una y otra vez dentro de tu mente. Te conecta a su grabación continua. Y cada vez que muestra la grabación, sientes el choque del golpe una vez más. ¿Será justo?

"El perdonar, apaga la máquina de la película de los recuerdos dolorosos. El perdonar te hace libre. El perdonar es la única forma de detener el ciclo de dolor injusto que da vueltas en sus recuerdos".[5]

¿Puedes aceptar a tus padres por lo que son, lo que hayan podido haber hecho, y por los mensajes que te dieron? Esto significa que debes perdonar hasta el punto donde ya no permitas que lo que haya ocurrido en el pasado siga influenciando tu vida. Solamente haciendo esto serás libre, libre para desarrollarse usted misma, para experimentar la vida, para comunicarse de una nueva forma, libre para amarse a usted mismo y a su cónyuge.

Lloyd Ogilvie hace esta pregunta: "¿Cuál es su carga? ¿A quién usted carga emocionalmente, en su memoria, o en su conciencia? ¿Quién le ocasiona reacciones difíciles de culpa, temor, frustraciones, o enojo? Esa persona le pertenece a Dios.

¡Sabía, que El le está cargando a él/ella también! ¿No creen que ya es hora de deshacerse de esa carga, enfrentarse a la dinámica de la relación perdonar y olvidar?"6

El no perdonar, significará el ocasionar tormentos internos sobre nosotros mismos. Cuando nosotros reafirmamos esos mensajes paternos, nos convertimos en unos miserables y poco efectivos. El perdonar dice, "está bien, ya pasó, ya no me molesta más ni te veo como un enemigo, te amo aunque no puedas amarme de vuelta".

Entonces necesitamos pedir por una renovación de nuestros recuerdos. No podemos olvidar, pero sí podemos recordar de forma factible y no de forma emotiva.

Quizás la definición de Webster sobre el olvidar pueda darnos alguna luz sobre la actitud y las reacciones que podemos escoger. El olvidar significa "soltar los recuerdos de ... el tratar con falta de atención o descuido ... el descuidar intencionalmente, no notar: dejar de recordar o notar ... el no llegar a preocuparse en el momento oportuno".

La Escritura nos da nuestro patrón a seguir para este proceso.

No lleve más cuenta. "[Amor] no se porta indecorosamente; no busca lo suyo, no se irrita, no toma en cuenta el mal recibido" (1 Corintios 13:5, BLA).

• Desarrolla un amor mayor por la Palabra de Dios que te permitirá *no* ofenderte. "Mucha paz tienen los que aman tu ley, y nada los hace tropezar" (Salmos119:165, BLA).

• Rehúse el atarse a una actitud de juicio. "No juzguéis, para que no seáis juzgados. Porque con el juicio con que juzguéis, seréis juzgados, y con la medida con que medís, se os medirá. ¿Y por qué miras la mota que está en el ojo de tu hermano, y no te das cuenta de la viga que está en tu ojo? ¿O cómo puedes decir a tu hermano: "Déjame sacarte la mota de ojo", cuando la viga está en tu ojo? ¡Hipócrita! saca primero la viga de tu ojo, y entonces verás con claridad para sacar la paja del ojo de tu hermano" (Mateo 7:1-5, BLA).

A medida que aprende a perdonar, usted podrá aceptar su pasado no importa cómo haya sido, y continuar.

Resignación es el entregarse al destino
Aceptación es el entregarse a Dios.

Resignación descansa calladamente en un universo vacío.

Aceptación se levanta para encontrarse con el Dios que llena ese universo con un propósito y destino.

Resignación dice, "No puedo".

Aceptación dice, "Dios puede".

Resignación paraliza el proceso de la vida.

Aceptación liberta el proceso para lograr la mayor creatividad.

Resignación dice, "Ya todo ha terminado para mí".

Aceptación pregunta, "Ahora que estoy aquí, ¿qué es lo próximo Señor?"

Resignación dice, "Estoy solo".

Aceptación dice, "Yo te pertenezco a ti, Oh Dios". [7]

EL RECUERDO DE LAS MEMORIAS POSITIVAS

Los recuerdos negativos y los mensajes paternales son una parte de la vida. Pero ¿qué son los recuerdos positivos? Ellos están ahí, pero quizás se han quedado dormidos. Durante tiempos difíciles y de tensión, los recuerdos positivos pueden traer esperanza y reacciones positivas. ¿Puede acordarse de momentos específicos cuando usted experimentó confianza, amor, perdón, aceptación y esperanza?

Quizás nosotros, como los niños de Israel, necesitamos traer a la memoria recuerdos positivos. Moisés le recordó al pueblo a "y te acordarás de todo el camino por donde el Señor tu Dios te ha traído por el desierto *durante* estos cuarenta años.... Guardarás, pues, los mandamientos del Señor tu Dios, para andar en sus caminos, y para temerle"

(Deuteronomio 8:2-6, BLA). "Al extranjero no maltratarás ni oprimirás, porque extranjeros fuisteis vosotros en la tierra de Egipto" (ver Exodo 22:21, BLA). Isaías incita al pueblo "Acordaos de las cosas anteriores ya pasadas porque yo soy Dios, ... y no hay ninguno como yo" (Isaías 46:9, BLA). El recordar quienes somos delante de Dios, puede con el tiempo, llegar a ser un recuerdo mayor que cubra los recuerdos negativos del pasado. Dios nos pide que recordemos, que ajustemos nuestra atención, que retemos nuestras formas negativas de reaccionar a la vida y la corrijamos. ¿Cómo se hace esto?

Primero, *cambie la dirección de su vida de pensamiento y recuerdos*. "Por nada estéis afanosos; antes bien en todo, mediante oración y súplica, con acción de gracias, sean dadas a conocer vuestras peticiones delante de Dios. Y la paz de Dios, que sobrepasa todo entendimiento, guardará vuestros corazones y vuestras mentes en Cristo Jesús. Por lo demás, hermanos, todo lo que es verdadero, todo lo digno, todo lo justo, todo lo puro, todo lo amable, todo lo honorable; si hay alguna virtud o algo que merece elogio, en esto meditad" (Filipenses 4:6-8, BLA).

Segundo, *identifique sus actitudes paternales y la reacción presente hacia ellas*.

Tercero, *identifique los pequeños comentarios que se hace a usted mismo y reténgalos*.

Cuarto, *si usted es un perfeccionista, esfúercese para no serlo, oblíguese a detenerse*. Reduzca sus expectativas y sus esfuerzos. Al mismo tiempo, siga diciéndose que ya ha hecho suficiente. Que vale más que sus esfuerzos y resultados. Recuerde los valores y méritos que tiene por causa de la forma que Dios le ve. Por otro lado, los esfuerzos de la persona que ha sido demasiado complacida, necesitan ser aumentados. Pase más tiempo supliendo las necesidades de los demás. Conviértase en un dador.

Quinto, *comprométase, en tratarse a sí mismo de una forma nueva, positiva, y no como se ha tratado en el pasado*.

Mientras más incorporemos las perspectivas bíblicas sobre nosotros, en nuestra conciencia, más fácil se convertirá el vencer recuerdos dolorosos y mensajes que paralizan. Porque es Dios quien lo hace en nosotros.

¿O no sabéis que nuestro cuerpo es templo del Espíritu Santo, que está en vosotros, el cual tenéis de Dios y no sois vuestros? Pues por precio habéis sido comprados; por tanto, glorifican a Dios en vuestro cuerpo y en vuestro espíritu, los cuales son de Dios"(1 Corintios 6:19 -20, BLA)."Sabiendo que fuisteis redimidos de vuestra vana manera de vivir heredada de vuestros padres con cosas perecederas *como,* oro o plata, sino con sangre preciosa, como de un cordero sin tacha y sin mancha *la sangre* de Cristo" (1 Pedro 1:18-19, BLA).

"Y cantaban un nuevo cántico, diciendo: Digno eres de tomar el libro y de abrir sus sellos; porque tú fuiste inmolado, y con tu sangre compraste para Dios, *a gente* de toda tribu, lengua pueblo y nación" (Apocalipsis 5:9, BLA).

¡Dios nos conoce al derecho y al revés! El está consciente de nosotros. "Y el Señor dijo a Moisés: 'También haré esto que has hablado, por cuanto has hallado gracia ante mis ojos, y te he conocido por tu nombre'" (Exodo 33:17, BLA). "Antes que te formara en el seno materno, te conocí, y antes que nacieras, te consagré..."(Jeremías 1:5,BLA). "Yo soy el buen pastor, y conozco mis ovejas y las mías me conocen,... y doy mi vida por las ovejas... mis ovejas oyen mi voz, y yo las conozco... y jamás perecerán..." (Juan 10:14-15,27-28, BLA).

El doctor James Packer escribe, "hay un tremendo descanso en saber que Su amor para mí es totalmente realístico, basado en cada punto sobre su conocimiento anticipado de lo peor de mi persona, de forma que ningún descubrimiento presente puede desilusionarlo, en la forma que con tanta frecuencia me desilusionó de mí mismo, y pueda afectarse Su determinación de bendecirme. El me desea como Su amigo, y desea ser mi amigo, y ha dado a Su Hijo para que muera por mí para poder lograr este propósito".[8]

Los momentos en nuestras vidas cuando estamos en paz con nosotros mismos, no estando atados por el pasado, son los momentos en que nos sentimos como si le perteneciéramos. Nos sentimos necesitados, deseados, aceptados y disfrutados. Nos sentimos apreciados: "yo soy alguien". "Yo soy bueno". También nos sentimos competentes: "Yo puedo hacerlo".

Estos sentimientos son esenciales porque trabajan juntos, y nos dan nuestro sentido de identidad. Sin embargo los momentos en que nos sentimos completos puede que sean escasos. Ahora es el momento de recordar nuestras raíces, nuestra herencia.

Somos creados a la imagen de Dios. El desea que Su trabajo sea completo en nosotros. Cuando nos relacionamos con Su hijo Jesucristo por fe, logramos el potencial de sentir estar completos, interiormente (ver Colosenses 2:10).

En nuestra relación con Dios podemos estar seguros que le pertenecemos a El. Doctor Maurice Wagner sugiere que "nunca superamos la necesidad de un padre, aunque puede que seamos nosotros mismos padres". Somos responsables a Dios, y nos relacionamos a El como nuestro Padre celestial. Hay una satisfacción emocional profunda cuando nos relacionamos con Dios como Padre. Porque El es un Padre, como los padres deben serlo.

Quizás la mayor seguridad que pueda encontrarse sea en el sentido de aceptación paternal. Leemos, "El [el Padre] nos ha hecho aceptables en el amado [Cristo]"(Efesios 1:6). Nosotros no hicimos absolutamente nada para ganar esa aceptación; nosotros nos sometimos a El, ¡y El nos hizo aceptables a Sí mismo! "Porque de tal manera amó Dios al mundo, que dio a su Hijo unigénito..." (Juan 3:16,BLA). ¡El nos hizo aceptables porque nos ama!

A El le place llamarnos Sus hijos. Esto nos da una posición con El, con Su familia. Sabemos que somos alguien para Dios; ¡hemos sido redimidos de ser un don nadie!

En nuestra relación con el Hijo de Dios, se nos asegura nuestro valor. Al ser perdonado de todo pecado, perdemos nuestro sentido de culpa y los sentimientos que van asociados con ser un don nadie, una persona mala.

También tenemos un sentido seguro de competencia a medida que nos relacionamos con el Espíritu Santo como nuestro Consolador, guía, y fuente de fortaleza. El está con nosotros diariamente para encarar nuestras situaciones, y El está en control soberano de las situaciones que El nos permite que experimentemos. El nos imparte la habilidad de vivir una vida santa y de mantener una relación con Dios a pesar de la resaca de hábitos y de las inseguridades emocionales que traemos de nuestra niñez. El es nuestra competencia, haciendo posible el vivir la vida cristiana y de sostener el sentido de ser alguien en Dios.[9]

Este es el comienzo de un nuevo crecimiento, nuevos recuerdos. Nuevos mensajes para nosotros mismos. Nueva forma de hablarnos. Nueva forma de comunicarse con otros y nuevas relaciones. ¡Es posible!

¿Qué piensa usted?

1. Identifique cualquier recuerdo o mensaje del pasado que usted desee soltar. Describa cómo hará esto.

2. ¿Qué pasajes de la Escritura en este capítulo, le ayudará mejor con su comunicación? Describa cómo ocurrirá esto.

3. Describa los recuerdos que usted desea que otros tengan de usted.

4. ¿Qué necesita hacer usted en estos momentos para lograr que ellos tengan esos recuerdos?

Notas

1. Henri H. M. Nouwen, *The living Reminder* (New York: Seabury Press, 1977), página 19.

2. W. Hugh Missildine, M.D., *Your Inner Child of the Past (New York: Simon and Schuster, 1963), página 59.*

3. Joyce Landorf, Irregular People (Waco, TX: Word Books,1982) páginas 61-62.

4. Lloyd John Ogilvie, God's Best for My Life (Eugene, OR: Harvest House, 1981), página 1.

5. Lewis B Smedes, "Forgiveness: The Power to Change the Past" *Christianity Today* January 7, 1983, página 26.

6. Ogilvie, *God's Best for My Life, página 9.*

7. Creath Davis, Lord, If Ever Needed You It's Now (Palm Springs, CA: Ronald H. Haynes, 1981) página 88.

8. J.I. Packer, Knowing God (Downers Grove, IL: Inter-Varsity Press, 1973), página 37.

9. Maurice E. Wagner, Ph.D., The Sensation of Being Somebody (Grand Rapids: Zondervan Publishing House, 1975), páginas 164-167.

CAPITULO CUATRO

EXPRESANDO EL VERDADERO YO

Ahora que se da cuenta cómo su pasado moldea su presente, piense, ¿cómo comienzo a expresar el verdadero yo?

La comunicación es el proceso de compartir de uno mismo en forma verbal y no verbal de tal forma que la otra persona pueda entender y aceptar lo que usted está compartiendo. Por supuesto, esto significa que usted también tiene que atender con sus oídos y ojos para que la otra persona pueda también comunicarse con usted.

La comunicación se logra solamente cuando la otra persona recibe el mensaje que usted envía, ya sea verbal o no. La comunicación puede ser efectiva, positiva y constructiva, o puede tratar de introducir el mensaje positivo, mientras el otro cónyuge lo recibe negativo. La Palabra de Dios es el recurso más efectivo para aprender a comunicarse. En ella encontrará un patrón que trabaja hacia una relación saludable. He aquí algunas de las guías que ofrece:

- "Sino que hablando la verdad en amor, crezcamos en todos *los aspectos* en aquel que es la cabeza, *es decir* Cristo"(Efesios 4:15, BLA).
- "El que encubre sus pecados no prosperará; mas el que *los* confiesa y *los* abandona hallará misericordia"(Proverbios 28:13, BLA).
- "Porque todos tropezamos de muchas maneras. Si alguno no tropieza en lo que dice, es un hombre perfecto, capaz también de refrenar todo el cuerpo"(Santiago 3:2, BLA).
- "El que quiere amar la vida y ver días buenos, refrene su lengua del mal, y sus labios no hablen engaño"(1 Pedro 3:10, BLA).
- "Hay quien habla sin tino como golpes de espada; pero la lengua de los sabios sana"(Proverbios 12:18, BLA).
- "El lento para la ira tiene gran prudencia; pero el que es irascible ensalza la necedad"(Proverbios 14:29, BLA).
- "La lengua apacible es árbol de vida; mas la perversidad en ella quebranta el espíritu... El hombre se alegra con la respuesta adecuada, y una palabra a tiempo, ¡cuán agradable es!" (Proverbios 15:4,23, BLA).
- "Como manzana de oro en engaste de plata es la palabra dicha a su tiempo"(Proverbios 25:11, BLA).
- "El hierro con hierro se afila, y un hombre aguza a otro"(Proverbios 27:17, BLA).

- "Por la soberbia sólo viene la contienda, mas que con los reciben consejos está la sabiduría" (Proverbios 13:10, BLA).
- "El que cubre una falta busca afecto, pero el que repite el asunto separa a los mejores amigos" (Proverbios 17:9, BLA).
- "Sea quitada de vosotros toda amargura, enojo, ira, gritos, maledicencia, así como toda malicia. Sed más bien amables unos con otros misericordiosos, perdonándoos unos a otros, así como también Dios os perdonó en Cristo" (Efesios 4:31-32, BLA).

La comunicación que es efectiva no depende tanto en lo que se dice, sino en por qué y cómo se comparte. Mucha de las conversaciones entre los matrimonios es simplemente compartiendo información, "tuve un día duro en el trabajo hoy", cosa que es en realidad el propósito menos importante de la comunicación marital.

¿Por qué anhelamos el poder comunicarnos unos con otros? Para alguno de nosotros es una forma de lograr cercanía. Deseamos saber que nuestro compañero siente lo que nosotros sentimos. Deseamos que alguien comparta nuestros sentimientos positivos y nuestras alegrías, como también nuestros sentimientos negativos y tristezas. Romanos 12:15 nos exhorta a hacer esto.

En ocasiones en vez de simplemente compartir información, lo que deseamos es atraer a la otra persona a nuestras vidas. Cuando se nos anima a hablar de lo que nos ha pasado en el trabajo, la casa, o la iglesia, nos sentimos aceptados por nuestro cónyuge.

Otra razón para compartir es el ventilar el enojo y el dolor. No solamente necesitamos expresar nuestras emociones, sino también necesitamos que alguien nos escuche y nos acepte. Necesitamos una persona que escuche nuestros secretos; sin embargo el que nos escucha necesita tener seguridad interior y estabilidad emocional para poder llegar ser un confidente.

Los que nos han precedido son algunas de las razones por la cual nosotros compartimos con otros, pero todo se resume en una necesidad básica, deseamos ser afirmados y apoyados por las personas que amamos. Este tipo de apoyo refuerza nuestras propias convicciones o sentimientos sobre nosotros mismos. Nosotros necesitamos reacciones positivas (no negativas) que digan: "Eres una persona adecuada, a la que se puede amar, buena, de agradable compañía, etcétera". Marcia Lasswell y Norman Lobenz en su sobresaliente libro *El matrimonio sin faltas* sugiere cuatro niveles de apoyo.

Nivel de apoyo 1 es lo que todos nosotros deseamos. Esto es cuando un cónyuge está de acuerdo totalmente con las metas de su compañero, deseos, o creencias. Muchas personas sienten que ésta es la única forma de apoyo que tiene algún valor. Es el más fácil de dar porque al apoyar lo que el otro cree no demanda mucho a su amor o preocupación.

Nivel de apoyo 2 es cuando usted no está de acuerdo con lo que su cónyuge desea hacer, pero usted le proveerá el mayor apoyo. Este apoyo es basado en el respeto que se tiene por el compañero.

Nivel de apoyo 3 es una posición de mantenerse fuera del asunto. Usted no está de acuerdo con su cónyuge y no puede dar ningún tipo de apoyo. Pero usted no crea ningún problema u obstáculo para él.

Nivel de apoyo 4 es en realidad *ningún* apoyo. No solamente usted está en desacuerdo con su cónyuge, sino que intenta prevenirlo de hacer lo que él/ella desea hacer.

¿Qué piensa usted?

1. Dé un ejemplo de cuando usted experimentó cada nivel de apoyo, y diga cómo se sintió.

Nivel de apoyo 1:

Nivel de apoyo 2:

Nivel de apoyo 3:

Nivel de apoyo 4:

2. ¿En qué área de su vida desearía usted un nivel de apoyo 1 de su cónyuge?

3. ¿Cómo le expresaría esta preocupación en particular a su cónyuge?

4. ¿En qué área de la vida de él/ella su cónyuge desearía que usted le diera nivel de apoyo 1?

¿QUE SIGNIFICAN SUS PALABRAS?

Cuando una pareja se casa, dos culturas y lenguajes distintos se unen. Si cada uno de ustedes no definen sus palabras, entonces ocurrirá que asumirán y habrá malas interpretaciones. El esposo dirá a su esposa que llegará temprano a casa esta noche. ¿Cuál es su definición de "temprano"? ¿Cuál es la definición de la esposa? O cuando la esposa responde a la petición de su esposo, "lo haré más tarde", ¿qué significa esa expresión "más tarde"? La esposa puede que quiera decir, "lo haré dentro de tres días". El esposo puede que lo interprete como, "ella lo hará dentro de tres horas".

Compromisos no específicos tales como, "lo pensaré", crean desacuerdos y frustraciones. La respuesta, "Sí, trataré", es también insuficiente. Puede que nada pase pero el cónyuge puede que aún diga, "pero estoy tratando". Un compromiso definitivo y específico es mucho más aceptable.

"Te llamaré, si veo que voy a llegar tarde para la cena".

"Te ayudaré a limpiar la habitación comenzando este sábado".

"Te ayudaré en la disciplina de John comenzando..."

"Comenzaré a orar contigo, y oraremos juntos al menos tres días a la semana".

Una pregunta significativa que las parejas deben hacerse es, "¿Hasta dónde le damos ambos el mismo significado a las palabras que usamos?" Dos personas puede que hablen español y no darle el mismo significado a las palabras. Dos personas pueden hablar alemán y no darle el mismo significado a las palabras. Dos personas pueden hablar inglés y no darle el mismo significado a las palabras. Nuestra propia experiencia, mentalidad e intención le da significado a las palabras que usamos. ¿Ha experimentado alguna vez alguna de las situaciones siguientes?

"¿Puedo hablar contigo un momento?" le pide su cónyuge, usted, asume que su cónyuge se refiere a "un minuto". Cuarenta minutos más tarde su cónyuge está todavía hablando y usted se está volviendo agitado e impaciente.

"Por favor, ¿me puedes comprar algunas cosas en el mercado, de regreso a la casa?" le pregunta su cónyuge. Después que acepta hacerlo, descubre que "una o dos cosas" incluye cuatro paradas diferentes en lugares separados uno de otro y fuera del camino que usa para ir de regreso a la casa.

Usted está en camino de regreso a la casa con su cónyuge y él/ella le pregunta: "¿Pudieras parar por la tienda tan sólo un minuto? Necesito comprar una cosa". Treinta minutos más tarde está aún esperando en el auto.

Inclusive cuando levantamos la voz mientras nos comunicamos significa algo diferente para cada uno. El gritar puede que sea una forma normal de expresión para una persona, mientras que para la otra significa enojo y el estar fuera de control.

El esposo le responde a la pregunta de la esposa de: "¿Te gustó la cena?", con un: "Está bien". Para él la expresión significa: "Muy buena; estoy bien satisfecho. Me gustó mucho". Pero para su esposa significa que tuvo poco interés en lo que estaba comiendo. Si la situación hubiera sido al revés ella hubiera usado varias oraciones y muchos adjetivos para describir su deleite. El usa un par de palabras. Pero ambas personas puede que deseen expresar la misma cosa.

Una de las técnicas de comunicación más destructiva y que corrompe más, es el silencio. Puede ser devastador. Cada uno de nosotros necesitamos ser reconocidos. Pero cuando nuestro compañero se retrae en silencio nuestra misma presencia, existencia y significado son ignorados por la persona más significativa en nuestras vidas. En realidad, ¡muchas personas considerarían este tipo de silencio un insulto!

El silencio puede comunicar una multitud de cosas:

Alegría, satisfacción, un sentido de contentamiento y bienestar.

Pero con más frecuencia lo que comunica es:

Descontento, desprecio, enojo, mal humor, con mal ceño, "qué importa", "a quién le importa", "yo te voy a enseñar" etcétera.

Cuando el silencio prevalece hay muy poca oportunidad de resolver el tema y seguir adelante con la relación. "Háblame", le rogamos y nuestro cónyuge se vuelve más enojado o continúa retraído a través del silencio. Muchos de nosotros usamos el silencio como un arma.

Pero piense sobre el significado del silencio por unos momentos. ¿Qué es silencio? Realmente es una forma de comunicación y si respondemos de forma correcta quizás logremos que nuestro cónyuge se abra.

"¿Qué piensas sobre la pregunta que te acabo de hacer?" puede que le pregunte. Oh,"tu silencio me está diciendo algo". ¿Me pregunto, qué es lo que estás tratando de decirme con él?" o, "me gustaría hablarte sobre tu silencio y lo que me está haciendo. Pero primero me gustaría escuchar lo que piensas sobre tu silencio".

Otra forma de acercarse puede que sea, "he notado que hay ocasiones cuando te es difícil hablarme. ¿Estaré haciendo algo que te dificulta mucho el poder comunicarte conmigo, prefiriendo entonces hacer silencio?" Si su cónyuge le responde a estas preguntas, déjenle hablar.

No trate de defenderse. Agradézcale que está compartiendo sus sentimientos con usted.

Si no le ha dicho lo que desea que usted haga diferente, pídale una sugerencia.

¿QUE PUEDE DECIR SIN PALABRAS?

Nosotros cantamos, lloramos, hablamos, gruñimos, hacemos sonidos simples o extensos de alegría, gozo, desesperación o enojo. Esto es comunicación verbal. Nosotros tocamos, hacemos gestos, nos retraemos, fruncimos el ceño, tiramos puertas, miramos a otra persona. Estas son formas de comunicación sin palabras.

¿Está consciente del efecto de lo que su comunicación sin palabra, tiene sobre su cónyuge? Usamos gestos, movimientos del cuerpo, y expresiones constantemente con los ojos, pero a menudo nuestra conciencia de ellas son mínimas. Frecuentemente nuestras palabras comunican un mensaje de aprobación o permiso, pero nuestras expresiones sin palabras comunican un mensaje de conflictivo o de censura. Esto quiere decir que el interlocutor *escucha* aprobación y *ve* censura. El resultado es confusión. A menudo el interlocutor ignora el mensaje hablado y responde al no hablado. O si él responde a las palabras, el que habla se vuelve irritable y el interlocutor se pregunta por qué el que le habla está enojado.

Los movimientos del cuerpo proveen una base para hacer algunas deducciones razonables pero no para llegar a conclusiones absolutas. Es importante, entonces, que las parejas aprendan a hacer lo siguiente:

1. Estén consciente de los mensajes sin palabras que *usted* le envía a su cónyuge.

2. Sea habilidoso en interpretar correctamente lo que su cónyuge le dice sin palabras.

3. Desarrolle fluidez en sus habilidades de comunicarse sin palabras.

4. Aprenda a cómo traer su comunicación sin palabra y su comunicación hablada a una armonía.

Las comunicaciones sin palabras son similares a un código. Necesitamos aprender a descifrarlas, modificarlas, refinarlas y superarlas. El tono de voz e inflexibilidad añade otro elemento al proceso de la comunicación. La combinación puede ser algo complicado.

¿Qué piensa usted?

1. Consideremos lo que algunos comportamientos de comunicación sin palabras o con palabras puedan significar. Vea la lista siguiente y trate de dar dos o tres significados a cada uno de los comportamientos.

a. El niño mueve su cabeza hacia arriba y hacia abajo.

b. La persona mueve su cabeza rápidamente hacia cierta dirección.

c. La persona sonríe suavemente.

d. El labio inferior de la persona se estremece suavemente.

e. La persona habla con voz alta y áspera.

f. La persona habla con voz baja, y monótona.

g. La persona abre fuertemente sus ojos de momento.

h. La persona mantiene su mirada baja mientras habla con usted.

i. La persona habla con una voz muy vacilante o tartamuda.

j. La persona bosteza durante una conversación.

k. La persona encoge sus hombros.

l. La persona está sentada en su silla de forma rígida y derecha.

m. La persona tiene sus brazos fuertemente doblados en su pecho.

n. La persona tuerce sus manos.

o. La persona sujeta su silla fuertemente con sus manos.

p. La respiración de la persona es bien irregular.

q. La persona comienza a tornarse pálida.

r. La persona sigue jugando con el cuello de su camisa.

s. La persona está cabizbajo en su silla.

t. La persona está constantemente torciéndose.

u. La persona inhala rápidamente.

v. La persona mueve su pierna continuamente hacia adelante y hacia atrás.

w. La persona se da golpes con su mano en la frente.

2. Si se interesa en saber más sobre la comunicación sin palabras que sucede en su familia, conduzca el siguiente experimento. Haga una lista de la mayoría de sus comunicaciones sin palabras, todas las que le sean posible. Pídale a cada miembro de la familia que haga el mismo proyecto. Después de usted haber hecho su lista, indique por escrito lo que usted piensa que cada comportamiento significa para el otro miembro de la familia. Pídale a ellos que hagan lo mismo. Entonces discutan las respuestas juntos.

3. Hay muchas formas de fortalecer sus habilidades de comunicación. He aquí algunas sugerencias para ambos, el esposo y la esposa:

a. Describa por escrito lo que hace su cónyuge cuando él/ella le está diciendo por medios de comunicación sin palabras que él/ella se ocupa de usted, que le ama, que piensa bien de usted, etcétera.

b. Describa por escrito las comunicaciones sin palabras de su compañero cuando él/ella le está diciendo que él/ella respeta o aprueba algo que usted está haciendo o tiene intención de hacer.

c. Describa por escrito lo que usted opina que su cónyuge hace para comunicarle sin palabras que él/ella no aprueba lo que usted está haciendo o diciendo.

d. Describa por escrito lo que usted hace cuando le dice a su cónyuge sin palabras que cuida de él, le ama, y piensa mucho en él.

e. Describa por escrito su comunicación sin palabras cuando su cónyuge le está diciendo que él/ella respeta o aprueba algo que usted está haciendo o planea hacer.

f. Describa por escrito lo que usted hace cuando se comunica sin palabras, cuando piensa que él/ella no aprueba de lo que está haciendo o diciendo.

Pasen treinta minutos compartiendo sus respuestas entre ustedes. Dé una demostración visual o ejemplo con cada declaración. Esto podría ser muy iluminador y entretenido.

4. Cada uno de ustedes puede le guste guardar una lista por escrito de las muchas comunicaciones sin palabras que su cónyuge demuestra a través del período de una semana. Al final de la semana siéntese y discuta lo que vio y lo que pensó que estas comunicaciones sin palabras significaban. Pregúntele a su cónyuge y dígale que le aclare significados no claros o incorrectos.

Puede que la esposa comparta sus observaciones con su esposo de la siguiente manera: "Querido, he notado que hubo tres mañanas en esta semana cuando el borde de tu boca estaba fruncido hacia abajo y te estabas frotando las manos la mayor parte del tiempo. También hubo mañanas cuando no tenías paciencia con los niños y tal parecía que estabas mal humorado. Cuando veo estas comunicaciones sin palabras, me dicen que estás teniendo una mañana de mal humor. ¿Estoy en lo cierto?" o, "he notado que cuando tienes duda sobre algo que otra persona dice, alzas y bajas tus cejas y mueves tu cabeza un poco de un lado al otro. "¿Estás consciente de esto?"

¿COMO HACES LAS PREGUNTAS?

El uso efectivo de las preguntas es una habilidad tremenda para hacer clara la comunicación. Evada preguntas que comienzan con "por qué," porque a menudo crean confusión y defensa. Preguntas como "¿Por qué hiciste eso?" "¿Por que estás tan tarde?" "¿Por qué siempre haces eso?" a menudo producen respuestas de frustración como "¡Porque!" o "Yo no sé".

La pregunta "qué" con sus variaciones, "¿quién?" "¿cuál?" "¿cuándo?" "¿dónde?" y "¿cómo?" es mucho mejor.

Note la diferencia entre estas dos preguntas.

"¿Por qué no estás seguro de lo que dices?"

"Yo no sé. Solamente lo estoy".

"¿De qué no estás seguro?"

"Yo pienso que no estoy seguro de..."

Usando una pregunta de "qué" no le garantiza una respuesta pero hay una mayor probabilidad de que suceda, de que si usa la pregunta "¿por qué?" La pregunta "por qué" puede detener el proceso de comunicación. La pregunta "qué" es más probable que continúe el intercambio.

He aquí una lista de algunas preguntas de "qué" y sus usos:

Esposo: "No estoy seguro de que deseo ir a la actividad en la iglesia".

Esposa: "¿De qué no estás seguro?"

Esposa: "No puedo terminar todos estos proyectos esta semana, John".

Esposo: "Está bien. ¿Qué es lo que te está impidiendo terminar de hacerlo o al menos de comenzarlos?"

Esposa: "Trabajemos en esto el mes entrante en vez de ahora".

Esposo: "No. ¿En qué variará nuestra situación para el mes próximo?"

Esposo: "Bueno, yo no estoy seguro de eso".

Esposa: "¿Qué es lo que no sabes? O si lo supieras, ¿cuál crees que sería tu respuesta?"

Esposo: "Yo no creo que podremos ir a casa de tus padres en estas fiestas".

Esposa: "Bueno, ¿qué cambios o circunstancias tendrían que suceder para poder ir?"

Esposa: "¡Yo no creo eso en absoluto!"

Esposo: "¿Qué es lo que no puedes creer?"

Esposa: "Hagamos eso este verano".

Esposo: "¿Habrá diferencia en nuestras finanzas entonces?"

Revise todos estos ejemplos. Substituya las preguntas "¿por qué?" en cada una. ¿Qué tipo de respuestas provocará el "por qué" en comparación a las respuestas que fueron dadas?

¿ES USTED VISUAL, SENTIMENTAL O AUDITIVO?

La comunicación significa diferentes cosas para diferentes personas. En consejería matrimonial, las parejas que están sufriendo de problemas de "comunicación", de inmediato es aparente que ambas tienen un estilo de comunicación diferente. Como he mencionado anteriormente en este capítulo, cuando una pareja se casa, dos diferentes culturas y lenguajes se unen. Para una relación florecer, cada uno tiene que aprender el lenguaje del otro. Y ambos tienen que estar dispuestos a usar el lenguaje del otro sin demandar que el otro se convierta en él/ella.

Cuando las personas se comunican, ellas procesan su información de formas diferentes. Algunas personas son más *visuales,* algunas son más *auditivas,* y otras son más *sentimentales* en su orientación. Algunas personas piensan generando imágenes visuales en sus mentes; otras reaccionan desde un nivel sentimental; y otras se hablan a sí mismos y escuchan sonidos. (¡No, no están locos!)

Puede que usted sea una persona básicamente visual. Ve las oraciones que habla en su mente. Otra persona reacciona mejor por lo que escucha. La persona sentimental tiene un sentido más alto de emoción y de llegar al otro y de intuición. El reacciona en base a sus sentimientos.

Cada uno de nosotros tiene un modo dominante de percepción. Hemos sido básicamente entrenado a funcionar en esa forma. *Pero es posible que una persona aprenda a funcionar y comunicarse en las otras formas también. ¿Cómo es usted? ¿Es usted una persona primordialmente visual, auditivo o sentimental? ¿Qué es su cónyuge? ¿Está usted consciente de sus similitudes y diferencias? ¿Puede usted comunicarse o es usualmente de los que pasan una noche más con el problema?

Una forma fácil de comprender la forma en que usted y su cónyuge se comunican es prestar atención a las palabras, imágenes y frases que ambos se dicen.

¿Qué le dicen estas frases a usted?

"Ya *veo* lo que me quieres decir".

"Esto *parece* una buena idea. *Muéstrame* más sobre el asunto".

"Me gustaría conocer tu *punto de vista*.

"Vamos a *enfocar* tan sólo un asunto".

Estas frases reflejan una inclinación visual. La persona piensa y habla en bases de fuertes imágenes visuales. Otras personas ven imágenes vagas, y otras no ven ninguna imagen.

"Te escucho".

"Bueno, eso me *suena* tremendo".

"*Dime* eso de nuevo".

"Te entiendo *claramente*".

"*Escuchemos* eso de nuevo".

Estas frases vienen de una persona que es básicamente auditiva. Los sonidos son de una importancia básica para él.

"Yo *siento* que estás bravo conmigo".

"Me gusta como se *siente* este revólver".

"Mis *instintos* me dicen que esto es lo correcto hacer".

Estas son frases que vienen de una persona que reacciona a un método sentimental. Quizás usted ha estado en un grupo donde una nueva idea se ha compartido. Si en ese momento, usted ha estado consciente de estar respondiendo a estos tres métodos, usted ha escuchado, "*siento* que esa idea es buena", "esa idea *luce* buena" y "*suena* como una buena idea". Todas estas frases tienen el mismo significado, pero son presentadas de tres formas diferentes.

¿Qué tiene que ver todo esto con la comunicación entre el esposo/a? ¡Esto! Si usted aprende a usar el estilo de hablar de su cónyuge (de forma que lo perciba), él o ella le escuchará. Puede que le tome un poco de trabajo y tiempo para llegar a desarrollar la habilidad de hacerlo pero puede funcionar. Demasiado a menudo esperamos que nuestro cónyuge nos atienda y lo haga a nuestra forma. Pero si estamos dispuestos a tomar la iniciativa y movernos en su mundo primero, entonces establecemos un terreno en común para comunicarnos.

Hay ocasiones en las que usted puede sentir que su cónyuge está resistiendo sus ideas o sugerencias. Puede que signifique que usted ha fracasado en comunicarse en una forma que él/ella pueda entender. Si usted hace una pregunta y no recibe la respuesta correcta, cambie hacia otra forma de hacer la pregunta. "¿Cómo te suena esto?" No hay respuesta. "¿Te parece bien esto?" No hay respuesta. "¿Cómo te sientes sobre este tema?" ¡Hay respuesta!

La esposa le pide a su esposo que complete una faena. El le responde diciendo, "escríbemelo," o "házme una lista". Si en el futuro ella hace una lista o una nota y si al dársela se la recita, puede que obtenga una reacción más rápida a su petición.

Si usted pregunta algo y no recibe la respuesta correcta,

haga la pregunta de otra manera

Una vez que ha podido comunicarse con su cónyuge en su forma, su cónyuge puede que esté dispuesto a entrar en su mundo. Si usted aprende a ver, escuchar y sentir en la misma forma que su cónyuge ve, escucha y siente, la comunicación está destinada a mejorar. Todos nosotros usamos los tres métodos, pero uno está mejor desarrollado en cada uno de nosotros que los demás.

Yo he encontrado estos principios esenciales en la comunicación con mis clientes en la oficina de consejería. Mientras escucho, trato de descubrir su forma de percibir para poder entrar en su mundo con ellos. Escucho también su tono de voz y frases. Estudio su comunicación sin palabras. Otros vienen y son algo callados, reservados, de comportamiento muy apropiado, y escogen sus palabras con cuidado. Yo necesito comunicarme como ellos lo hacen para que eventualmente ellos estén dispuestos a escuchar y moverse en la dirección que yo deseo.

Yo soy básicamente una persona visual, pero he aprendido a usar los tres métodos. Sin embargo aún prefiero el visual. Si alguien me trae una carta o algo que él ha escrito y dice, "escucha esto", mi primera reacción es, "oh, déjame verlo". Yo prefiero leerla en vez de tener que escuchar a otra persona leerla. La registro mejor y la digiero más rápido. Cuando descubro algún material emocionante y nuevo que me gustaría compartir con mis estudiantes, mi primera inclinación es, "¿cómo puedo ponerlo en un diagrama y usarlo para usarlo en un bosquejo, proyectarlo en la pantalla, y otros lo puedan ver?" Yo estoy más consciente de mis tendencias de usar palabras "visuales". Pero no todo el mundo reacciona de la misma forma que yo. Así que tengo que ampliar mis reacciones para incluir a aquellos que usan los métodos auditivos y sentimentales. Haciendo esto, otros pueden entenderme y yo puedo entenderles mejor a ellos también, y usted también puede hacerlo.

¿Qué piensa usted?

¿Qué pueden hacer usted y su cónyuge para desarrollar su comunicación?

1. Vuélvase más sensitivo a las palabras y frases que otros usan. Escuche a un amigo o colega, o escuche a alguien en la televisión o radio. ¿Puede identificar el método perceptivo de la persona?

2. Haga una lista de varias frases que usted usa durante el día. ¿Cuál es su método dominante?

3. Haga una lista de varias frases que su cónyuge usa. ¿Cuál es el método dominante de él/ella? Practique usar ese estilo. Puede que usted necesite expandir su vocabulario para que así pueda hablar mejor el lenguaje de su cónyuge. Desafortunadamente no hay un curso de lenguaje Berlitz para enseñarle este nuevo lenguaje. Esto es algo que usted tendrá que aprender por su propia cuenta.[1]

Notas

1. Adaptado por Jerry Richardson y Joel Margulis, The Magic of Rapport (San Francisco: Habor Publishing, 1981).

CAPITULO CINCO

EL DON DE ESCUCHAR

Uno de los mayores regalos que una persona puede darle a otra es poder escucharla. Puede ser un acto de amor y cuidado. Con frecuencia las conversaciones de hoy día entre las parejas casadas son diálogos de sordos. Si el esposo escucha a su esposa, ella dirá, "yo merezco ser escuchada".

Si la esposa ignora a su esposo, él piensa, "yo debo ser torpe y aburrido".

¿Ha tenido usted la experiencia de haber sido escuchado? Mire estos versos de la Palabra de Dios que hablan sobre cómo Dios escucha:

- "Los ojos del Señor están sobre los justos, y sus oídos *atentos* a su clamor. El rostro del Señor está contra los que hacen mal, para cortar de la tierra su memoria. Claman los *justos*, y el Señor *los* oye, y los libra de todas sus angustias. Cercano está el Señor a los quebrantados de corazón, y salva a los abatidos de espíritu" (Salmos 34:15-18, BLA).

- "Amo al Señor, porque oye mi voz *y* mis súplicas; porque a mí ha inclinado su oído, por tanto, *le* invocaré mientras yo viva" (Salmos 116:1-2, BLA).

- "Clama a mí, y yo te responderé, y te revelaré cosas grandes e inaccesibles, que tú no conoces" (Jeremías 33:3, BLA).

La Palabra de Dios también nos da direcciones concernientes a cómo debemos de escuchar:

- "El que responde antes de escuchar, cosecha necedad y vergüenza" (Proverbios 18:13, BLA).

- "Justo *parece* el primero que defiende su causa, *hasta* que otro viene y lo examina" (Proverbios 18:17, BLA).

- Cuando el escarnecedor es castigado, el simple se hace sabio, pero cuando se instruye al sabio, adquiere conocimiento". (Proverbios 21:11, BLA)

- *Esto* sabéis, mis amados hermanos. Pero que cada uno sea pronto para oír, tardo para hablar, tardo para la ira (Santiago 1:19, BLA).

¿Qué queremos decir con escuchar? ¿Qué queremos decir con oír? ¿Habrá diferencia? Oír es básicamente aumentar los conocimientos para su propio beneficio. Escuchar es tener cuidado e interesarse en lo que la otra persona está hablando. Oír significa que está preocupado en lo que está sucediendo dentro de *usted* durante la conversación. Escuchar significa que está tratando de entender los sentimientos de la *otra persona* y está escuchando porque lo considera.

Permítame darle una definición en tres partes de escuchar. Escuchar significa que cuando su cónyuge está hablando:

1. Usted no está pensando sobre en qué va a decir, cuando él/ella pare de hablar. No está ocupado formulando su respuesta. Usted se está concentrando en lo que le están diciendo y está poniendo en práctica (Proverbios 18:13).

2. Usted acepta completamente lo que le están diciendo sin juzgar lo que él/ella está diciendo o cómo lo está diciendo. Puede que usted fracase en oír el mensaje si se pone a pensar de que no le gusta el tono de voz de su cónyuge o las palabras que él/ella está usando. Puede que reaccione en el acto al tono y contenido de lo que le está diciendo y pase por alto el significado. Quizás él/ella no lo ha dicho de la mejor forma, pero, ¿por qué no le escucha y entonces regresa más tarde cuando ambos estén calmados y discuten cuáles deben ser las palabras y el tono apropiado que debe usar? El aceptarlo no significa que usted esté de acuerdo con el contenido de lo que se ha dicho. Más bien, significa que entiende que lo que su cónyuge está diciendo es algo que él/ella siente.

3. Usted debiera aceptar lo que ha dicho y lo que piensa que él/ella estaba sintiendo mientras le hablaba. La verdadera forma de escuchar implica un interés obvio en los sentimientos de su cónyuge y sus opiniones y un intento de entenderlo desde la perspectiva de él/ella.

El no escuchar, puede que aumente la cantidad de conversación que se le brinde. Joyce Landorf explica:

> Puede que su esposa sea una habladora compulsiva. ¿Ella siempre era así, aun antes de casarse? O, ¿Parece que se ha vuelto así con el tiempo? Algunas mujeres hablan en el momento de nacer y una corriente continua de palabras, sigue para el resto de sus vidas, pero otras han desarrollado un fluir continuo de conversación por otros motivos. Muy a menudo el hablador compulsivo está realmente clamando ser

escuchado por alguien. Mientras más aburrido usted luzca, mientras más bostece, mientras más vea al perro o a la televisión, más habla ella. Ella habla para hacer un balance. Puede que usted haya dejado de escucharla hace tiempo, y ella sabe eso mejor que nadie.

¿Piensa que esto le ha sucedido a usted? ¿Cuándo fue la última vez que le hizo estas preguntas a su esposa? "¿Cómo te siente sobre...?" y/o "¿Qué sucedió hoy en casa?" Alguna vez usted mezcla sus comentarios con, "puede que tengas razón, querida". Si su esposa siente que usted no está dispuesto a escucharla, ella tiene dos opciones: hablar más alto y más fuerte; o hablar menos y retraerse. De cualquier forma, esto es muy duro en el matrimonio.[1]

Usted puede aprender a escuchar, porque es una habilidad que hay que aprender. Su mente y oídos pueden ser enseñados a escuchar con más claridad. Sus ojos pueden ser enseñados a ver con más claridad. Pero lo opuesto es también cierto.

Usted puede aprender a *escuchar* con sus *ojos* y *ver* con sus *oídos*. Jesús dijo: "Por eso les hablo en parábolas; porque viendo no ven, y oyendo no oyen, ni entienden. Y en ellos se cumple la profecía de Isaías que dice: Al oír oiréis, y no entenderéis; y viendo veréis, y no percibiréis. Porque el corazón de este pueblo se ha vuelto insensible, y con dificultad oyen sus oídos; y sus ojos han cerrado, no sea que vean con los ojos, y oigan con los oídos, y entiendan con el corazón, y se conviertan, y yo los sane" (Mateo 13:13-15, BLA).

Permita que sus oídos escuchen y vean.

Permita que sus ojos vean y escuchen.

La palabra *escuchar* en el Nuevo Testamento no se refiere usualmente a una experiencia auditiva. Su significado usual es "prestar atención". A medida que escucha a su cónyuge necesita "prestar atención" a lo que él o ella está compartiendo. Esto significa, sintonizar la frecuencia correcta.

Por tratar de entender a mi hijo Matthew, que es retardado, que no tiene vocabulario, yo he podido aprender a escuchar con mis ojos. Yo puedo leer sus señales sin palabras, que contienen un mensaje. Por causa de Mattew, yo he aprendido a escuchar lo que mis pacientes no pueden expresar con palabras. He aprendido a escuchar el mensaje detrás del mensaje, el sufrimiento, el dolor, la frustración, la pérdida de esperanza, el temor al rechazo, el dolor de la traición, el gozo, el deleite, la promesa de cambiar. Yo medito sobre lo que veo en el rostro de un cliente, su postura, forma de caminar, paz, a través de esta observación le digo lo que veo. Esto le da una oportunidad de explicar mejor lo que él está pensando y sintiendo. El *sabe* que yo le estoy escuchando.

TRES COMPONENTES DE LA COMUNICACION

Cada mensaje tiene tres componentes:
1. El contenido actual
2. El tono de voz
3. La comunicación sin palabras

Es posible expresar muchos diferentes mensajes usando la misma palabra, frase, o pregunta, simplemente al cambiar nuestro tono de voz o movimiento del cuerpo. La comunicación sin palabras incluye expresiones faciales, postura del cuerpo y acciones.

Los tres componentes de comunicación tienen que complementarse unos a otros para lograr que un mensaje simple sea transmitido. Un investigador ha sugerido que la comunicación efectiva consiste de 7 por ciento de contenido, 38 por ciento del tono de voz, y 55 por ciento de comunicación sin palabras.

Nosotros a menudos enviamos mensajes confusos porque los tres componentes se contradicen entre ellos mismos. Cuando un hombre le dice a su esposa con el tono de voz apropiado, "querida, te amo", pero con su cabeza metida en un periódico, ¿qué va a creer ella? Cuando una mujer pregunta,

"¿cómo fue tu día?" en tono monótono mientras que su esposo pasa por su lado camino a la habitación, ¿a quién le va a responder él, al mensaje verbal o al no verbal?

El esposo, mientras sale para el trabajo, se acerca a su esposa, le sonríe, le da un abrazo y un beso, y le dice en un tono de voz amoroso, "yo te amo mucho". Después que él se va, ella se siente bien. Pero cuando ella ve que el periódico está en el medio del cuarto, las pijama sobre la cama, las medias sucias en el suelo, y el tubo de pasta de diente sin la tapa sobre el lavamanos, sus buenos sentimientos comienzan a disiparse. Ella le ha dicho a su esposo lo importante que es para ella que él asuma responsabilidades en recoger sus cosas, porque si no lo hace le aumenta el trabajo a ella. Pero él no ha sido cuidadoso, otra vez más. Ella le creyó a él cuando se fue a trabajar, pero ahora ella duda, "si fuese cierto lo que me dijo y de verdad me amara, ¿por qué no me lo demuestra asumiendo un poco de responsabilidad? ¿Me pregunto si de veras me ama?" Sus acciones anteriores contradijeron su mensaje de amor, aunque el mensaje fue enviado correctamente.

Concerniente a la comunicación sin palabras, el doctor Mark Lee escribe:

> Los problemas en el matrimonio pueden surgir de comunicaciones sin palabras que disgustan. La variación vocal es un comunicador importante de significados. Nosotros interpretamos el sonido de la voz, ambos, el consciente y el subconsciente. Usualmente podemos descifrar el significado emocional del que nos habla por su tono de voz, velocidad al hablar, volumen, y calidad de voz. Podemos descifrar la sinceridad o falta de ella, la convicción o falta de convicción, la veracidad o falsedad de la mayoría de las frases que oímos. Cuando una voz aumenta en volumen y tono, las palabras no van a comunicar el mismo significado como cuando se hablan suavemente en un tono más bajo. La voz alta, aguda, con

velocidad y cualidades duras, probablemente comunique un grado de emoción que va a obscurecer en gran manera el mensaje verbal. La forma sin palabras en que el mensaje se transmite es percibido rápidamente por el que escucha. Puede que sea o no recordado. Sin embargo, el comunicador tiene la tendencia de recordar lo que dijo y no en la forma en que lo dijo.[2]

Hay muchas formas de escuchar. Algunas personas escuchan buscando datos, información y detalles para su propio uso. Otros escuchan porque sienten compasión por la persona. Sienten un sentimiento de piedad. Otras personas escuchan para chismear porque se divierten con los detalles de la historia del fracaso de otra persona o sus dificultades. Hay ocasiones cuando las personas escuchan por obligación, necesidad, o por educación. Algunos de los que escuchan no son otra cosa que unos entrometidos que tienen una incesante necesidad de espiar e indagar las vidas ajenas.

Algunos escuchan porque se preocupan. ¿Por qué escucha usted? ¿Cuáles son sus motivos? ¿Alguno o todos los mencionados antes? El escuchar que surge de un verdadero interés construye cercanía, refleja amor y es un acto de gracia.

El escuchar de forma sensitiva y oír, son una mina profunda que va hacia la intimidad. Con mucha frecuencia el potencial para escuchar, descansa almacenado dentro de nosotros como una veta de oro sin explotar. Todos nosotros tenemos barreras que nos inhiben nuestra habilidad de escuchar. Algunas son simples y otras complejas.

OBSTACULOS QUE IMPIDEN ESCUCHAR

Para que el escuchar con solicitud ocurra, necesitamos estar conscientes de algunos de los obstáculos comunes para el que escucha.

El estar a la defensiva, es un obstáculo común. Nosotros estamos ocupados en nuestras mentes pensando cómo refutar, una excusa, o una excepción a lo que nuestro cónyuge está diciendo. Al hacer esto, perdemos el mensaje. Hay una variedad de respuestas defensivas.

1. *Quizás alcanzamos una conclusión prematura.* "Está bien, yo sé ya lo que vas a decir. Hemos hablado de esto antes y siempre es lo mismo".

2. *O podemos leer entre sus palabras nuestra propia expectativa, o proyectar hacia otra persona lo que diríamos en la misma situación.* David Augsburger escribe, "el juzgar por adelantado una comunicación como algo no interesante o importante levanta el peso de no tener que escuchar a la otra persona y libra su atención de ponerla en otra cosa. Pero dos personas son engañadas: a una no se le está prestando atención y al que escucha se le está privando de lo que puede ser una información útil. Yo deseo cancelar todos los intentos de juzgar por adelantado, y reconocerlos por lo que son, prejuicios. Yo deseo oír a la otra persona en una forma fresca, nueva con las energías que tenga disponible".[3]

Otros dos indicadores de defensa pueden ser:

3. *practicar tu propia respuesta o,*

4. *responder con palabras llenas de pólvora.* Practicar la respuesta (al igual que otras actitudes de defensa) como personas que escuchamos, no es lo que la Escritura nos está llamando a hacer. "El que responde antes de escuchar, cosecha necedad y vergüenza" (Proverbios 18:13, BLA).

Las palabras llenas de pólvora te enlazan en una reacción de defensa negativa. Ellas crean una explosión interna de emociones. La pólvora incluye, "eso está mal"; "así son las *mujeres* (o los hombres)"; "siempre *llegas* tarde"; "tú *nunca* me preguntas lo que pienso"; "te estás volviendo como tu madre". No solamente reaccionamos a las palabras como pólvora, sino que conscientemente podemos usar algunas que hacen difícil la comunicación con nuestro cónyuge. ¿Cuáles son las palabras llenas de pólvora que le sacan de quicio? ¿Cuál es la lista de palabras llenas de pólvora que usa su cónyuge? Ciertas palabras seleccionadas que pueden cortar y herir.

No toda actitud defensiva es expresada. Por fuera puede que estemos de acuerdo pero por dentro estamos diciendo justamente lo opuesto. Si su cónyuge se le enfrenta en relación a un comportamiento o actitud que usted está practicando y está creando un problema, ¿acepta la crítica o se defiende?

Veamos la guianza de la Escritura:

- "El que responde antes de escuchar, cosecha necedad y vergüenza" (Proverbios 13:18, BLA).
- "Aplica tu corazón a la instrucción, y tus oídos a las palabras del conocimiento" (Proverbios 23:12, BLA).
- "Como pendiente de oro y adorno de oro fino es el sabio que reprende al oído atento" (Proverbios 25:12, BLA).
- "El que encubre sus pecados no prosperará, mas el que *los* confiesa y *los* abandona hallará misericordia" (Proverbios 28:13, BLA).

Otra barrera para escuchar puede ser las actitudes o prejuicios que sostenemos hacia ciertos individuos. Esto puede incluir personas que hablan con cierto tono de voz, grupos étnicos, sexo opuesto, personas que nos recuerdan a alguien de nuestro pasado, etcétera. Por causa de nuestros prejuicios rechazamos a la persona o la personalidad sin escuchar lo que la persona tiene que decir. En efecto estamos diciendo, "si tú eres_____ (y a mí no me gustan las personas que son _____) yo no necesito escucharte".

Nuestros prejuicios personales afectarán la eficacia de nuestra habilidad para escuchar de una manera mayor a la que podemos imaginar. Por ejemplo, puede que sea más fácil para nosotros escuchar a una persona enojada que a una sarcástica; o algunos tonos o frases son agradables para escuchar, mientras que otros pueden irritarnos; el repetir frases que otra persona usa (y puede que no se dé cuenta) puede molestarnos; gestos excesivos como hablar con las manos o el mover los brazos puede distraernos.

Algunas personas se distraen mientras escuchan a otras, por causa del sexo de la persona que está hablando. Nuestras expectativas de lo que comparte un hombre o no comparte, o lo que comparte una mujer o no comparte, nos influenciará.

Las palabras llenas de pólvora te enlazan en una reacción de defensa negativa

Nosotros podemos escuchar con más o menos atención a alguien que está en una posición por encima de nosotros, por debajo de nosotros, o en una posición de prestigio. Podemos estereotipar a otras personas, y esto influye la forma en que le escuchamos. Una persona escucha con optimismo y la otra con pesimismo. Yo escucho las malas noticias y usted escucha las buenas noticias. Si su cónyuge comparte una frustración y situación difícil con usted, puede que no le escuche porque a usted no le gustan las quejas; le molestan. O puede que le escuche como a una persona que tiene suficiente confianza en usted como para compartir.

Nuestros problemas internos pueden bloquear nuestro escuchar. Nosotros tenemos dificultades escuchando, cuando nos involucramos emocionalmente, llega a un punto en que no podemos separarnos nosotros mismos de la otra persona. Puede que encuentre más fácil escuchar, los problemas de las demás personas, que los de su cónyuge. Usted estorbado por su compromiso emocional. El escuchar puede ser también difícil si usted se culpa a sí mismo por las dificultades de la otra persona.

El escuchar lo que la otra persona está diciendo puede que traiga a la superficie sentimientos sobre problemas similares que estamos enfrentando. Nuestro escuchar puede que sea estorbado si tenemos temor de que nuestras propias emociones puedan ser activadas demasiado. Un hombre puede sentirse muy enfermo mientras sus emociones comienzan a subir a la superficie. ¿Puede pensar en algún momento donde mientras escuchaba a otra persona se sintió tan sobrecogido por sus sentimientos que no pudo escuchar?

Si alguien tiene ciertas expectativas para usted, puede que le moleste escuchar a esa persona. Si a usted no le gusta la otra persona probablemente no le escuchará muy bien. Cuando las personas hablan muy alto o muy bajo puede que tenga dificultades para continuar escuchando.

¿Conoce usted sus dificultades para escuchar? ¿Quién es responsable del obstáculo? ¿Su compañero o usted?

Usted puede sobreponerse al obstáculo. El paso inicial es identificar el obstáculo. De aquellos enumerados, ¿cuáles obstáculos puede usted identificar como suyo? ¿Quién controla esta barrera? ¿Usted o la persona que está hablando? Quizás pueda usted organizar de nuevo la situación o condiciones para que el escuchar sea más fácil. Puede que necesite discutir, como pareja, lo que cada uno de ustedes puede hacer para mejorar sus habilidades de escuchar y lo que usted puede hacer para ayudar a su cónyuge a que le escuche con más facilidad.

Otro obstáculo que afecta el proceso de escuchar es similar al defensivo, es la interrupción. Usted puede levantar esta barrera porque siente que la otra persona no está llegando al punto deseado lo suficientemente rápido. O comienza a pensar adelantado y empieza a preguntar por información que de todas forma vendrá. Su mente vaga y se adelanta, pero dice, "un momento, yo tengo una docena de ideas cocinándose, por causa de lo que has dicho. Déjame decirte algunas de ellas...". Es fácil para nuestras mentes vagar, y es que nuestra mente piensa cinco veces más rápido de lo que podemos hablar. Si una persona habla cien palabras por minutos y usted escucha quinientas, ¿pone su mente en alto o se pone a soñar despierto el resto del día? Nosotros procesamos la información más rápido de lo que puede ser verbalizada, así que podemos escoger quedarnos a la velocidad del que nos habla o dejar que nuestra mente vague.

Puede que usted se encuentre enfrentándose aún a otro obstáculo, la sobrecarga. Quizás ha usado todo el espacio disponible en su mente para información. Alguien más viene con una nueva información y siente que simplemente no puede manejarla. Se siente como si le estuviesen bombardeando de todas partes y no tiene suficiente tiempo para digerirlo todo. Así que se le hace difícil el escuchar cualquier cosa. Su mente se siente como un malabarista con demasiados objetos para sostener en el aire.

El tiempo es otro obstáculo común. ¿Ha escuchado alguna vez comentarios como este?, "¿hablar? ¿Ahora? ¿A las 2:30

de la mañana?" "Un minuto. Solamente quedan treinta y cinco segundos en el último cuarto del juego". "Me gustaría escucharte pero ya estoy tarde para una cita".

Agotamiento físico es otro obstáculo. La fatiga física y mental hacen difícil que uno escuche. Hay momentos cuando usted necesita dejar que su compañero sepa que este no es un buen momento, pero dígale a él/ella cuándo *podrá* escucharle.

¿Ha escuchado usted sobre atención selectiva? Otra forma de expresar este obstáculo es *filtrando lo que escucha,* escogiendo la información que se comparte. Si tenemos una actitud negativa puede que ignoremos, distorsionemos o rechacemos un mensaje positivo. A menudo oímos lo que deseamos oír o lo que nos conviene con nuestro modo de pensar. Si nos enfrascamos en el escuchar selectivamente probablemente también haremos retención selectiva. Esto quiere decir que recordaremos ciertos comentarios y situaciones y olvidaremos aquellas que rechazamos. David Augsburge describe el proceso de esta forma:

> La memoria es el mayor editor de todos los tiempos, y rechaza grandes trozos de información mientras atesora bagatelas. Cuando yo trato de trabajar con un conflicto no resuelto que sucedió hace tan sólo una hora atrás, encuentro que mis recuerdos, los que yo presento como si estuviesen completos, perfectos y sin retoques, son bien diferentes a los de mi compañero, porque puedo verlos como parciales, prejuiciados y claramente alterados. Ambos tenemos recuerdos selectivos.
>
> El ser selectivo es algo positivo. Nos salva de estar sobrecargados con estímulos, sobrecogidos con información, con demasiadas demandas de un medio ambiente lleno de ruidos.
>
> La selectividad lleva también un riesgo. Si yo niego lo que está ocurriendo, habrá mucho que no he de ver. Si me hago el que lo vi todo, entendió todo, recuerda

todo, habrá muchas ocasiones en que argüiré en vano
o causaré intenso dolor en relación con mi incapacidad de oír a otros cuyas razones sean igualmente
buenas, aunque tan parciales (incompletas) como las
mías. Cada uno de nosotros —en el mejor de los
casos— vemos, entendemos y recordamos sólo una
pequeña parte.[4]

PASOS PARA ESCUCHAR MEJOR

¿Cómo puede mejorar su habilidad de escuchar?
Entienda lo que usted siente hacia su cónyuge. Como ve a
su cónyuge afecta la forma en que usted le escucha. La
comunicación hacia su compañero está coloreada por la
forma en cómo usted le percibe. Su punto de vista puede ser
afectado por sus observaciones de su forma de ser en el
pasado, o por su propia actitud de defensa.

Escuche con sus oídos, sus ojos, y su cuerpo. Si su compañero le pregunta, "¿me estás escuchando?" y usted le responde, "sí" mientras está caminando y alejándose de él/ella o
está preparando la comida o fregando los platos, puede que
no esté realmente escuchando. Concéntrese en la persona y
el mensaje, dándole su atención completa. Apague los apa-
ratos eléctricos o la televisión cuando hay un asunto importante que hablar, deje a un lado lo que está haciendo y
escuche.

Hay varias reacciones que usted puede tomar para indicar-
le a su cónyuge que le está escuchando y recibiendo todo lo
que él está diciendo.

1. *El clarificar* es una de estas reacciones. Esta reacción
refleja el verdadero significado y la intención de lo que se ha
dicho. "Yo pienso que lo que estás diciendo es que tú
confías en que guardaré mi promesa hecha a ti, pero aún
estás un poco preocupado de que esté lejos justo antes de
tu cumpleaños".

2. *El observar* es otra habilidad. Esta reacción enfoca
las cualidades no habladas o de tonalidad sobre lo que tu

compañero acaba de decir. "Noté que tu voz se iba apagando mientras hablabas sobre tu trabajo".

3. Otra reacción se le llama *el escuchar reflexionando*. Un comentario de reflexión intenta recoger los sentimientos expresados. Usualmente una palabra con sentimiento es incluida en la respuesta, como por ejemplo, "pareces estar bien triste (gozoso, contento, deleitado, enojado, etcétera) sobre esto".

4. *Investigar* es otra reacción que ayuda. El preguntar saca más información sobre el significado de lo que se acaba de decir. Una respuesta simple sería, "me gustaría que me dijeras más sobre esto, si puedes".

Sea paciente, especialmente si su cónyuge es de hablar lento o dudoso. Puede que usted tenga la tendencia a brincar en primera oportunidad que se le presenta, termina con su comentario, o le apura para que acabe. No puede asumir que usted realmente sabe lo que él/ella va a decir. No puede leer la mente de su cónyuge.

En conclusión, a continuación encontrará los Diez Mandamientos para escuchar mejor.

I. *Sobre pasar juicio.* No deberá juzgar ni evaluar hasta que haya entendido realmente. "Un momento, ya escuché suficiente para saber dónde estás parado y me parece que te has mojado".

II. *Sobre añadir detalles.* No deberá atribuir ideas o contribuir con detalles sobre lo que se ha dicho. "Si esto es lo que tú sientes, te llevará hacia allá, y entonces también querrás expresar esto otro".

III. Sobre asumir acuerdos. No deberá asumir que lo que usted ha escuchado es lo que fue dicho verdaderamente o lo que se quiso decir. "Yo sé lo que quisistis decir, no importa cómo lo digas ahora. Yo te escuché con mis propios oídos".

IV. *Sobre perder su atención*. No deberá permitir que sus pensamientos vaguen o su atención se pierda."Cuando dijiste eso, me produjo una idea interesante que me gusta más que la tuya".

V. *Sobre cerrar la mente*. No deberás cerrar la mente a pensamientos opuestos, tus oídos a verdades opuestas, tus ojos a otros puntos de vista. "Después que usasteis ese lenguaje sexual, no escuché nada más de lo que dijiste".

VI. *Sobre escuchar lo que deseas*. No permitirás que tu corazón gobierne tu mente, ni que tu mente gobierne tu corazón. "Yo sabía que ibas a decir que yo lo tenía planeado todo el tiempo".

VII. *Sobre varios significados*. No deberá interpretar las palabras excepto cómo son interpretadas por el que está hablando. "Si yo fuese a dejar de respirar, ¿expiraría o no?"

VIII. *Sobre practicar respuestas*. No deberá usar el tiempo del otro para preparar sus respuestas. "¡No puedo esperar a que necesites respirar! ¡Tengo una buena para ti!"

IX. *Sobre temerle a los retos*. No deberá temer a la corrección, mejoras o cambios. "Yo estoy hablando rápido e interrumpiéndote porque no deseo oír lo que tienes que decir".

X. *Sobre evadir semejanzas*. No deberá demandar demasiado tiempo o dejar de reclamar tu propio tiempo para escuchar y ser escuchado. "Yo deseo igual cantidad de tiempo. Yo deseo que tú sientas que te escuchan por igual".[5]

Escuche a su cónyuge con amor. Cuando escucha con amor puede esperar a que la persona termine de compartir sus pensamientos, sentimientos y lo que él/ella realmente quiere expresar.

¿Qué piensa usted?

1. Enumere tres pasos que tomará para mejorar su habilidad de escuchar.

2. ¿Qué temas le gustaría que su cónyuge le escuchase con toda su atención?

3. Describa una experiencia en la que sintió que Dios le estaba escuchando. ¿Ha compartido esta experiencia con su cónyuge?

4. Describa cómo escucha al Señor.

Notas

1. Joyce Landorf, *Tough and Tender* (Old Tappan, NJ: Fleming H. Revell Co., 1975), páginas 76-77.

2. Gary Collins, ed. *Make More of Your Marriage* (Waco, TX: Word Books, 1976), From an article by Dr. Mark Lee, "Why Marriages Fail —Communication", página 75.

3. David Augsburger, *Caring Enough to Hear* (Ventura, CA: Regal Books, 1982), página 46.

4. Ibid., páginas 41-42.

5. Ibid., páginas 55-58.

CAPITULO SEIS

LIMITANDO EL POTENCIAL DE LA COMUNICACION

> ¿Qué pasó en la oficina del doctor?

> ¡Nada!

Hay muchos patrones de comunicación que limitan el crecimiento de la cercanía o la intimidad. En ocasiones las parejas simplemente no tienen mucho de qué hablar, tienen un repertorio limitado. Esto sucede porque una persona o ambas, nunca aprendieron cómo conversar. Quizás él/ella nunca aprendió que debía dejar hablar a otros, así que tiende a dominar la conversación. O quizás él/ella nunca aprendió a cómo expresar sus emociones y sentimientos. También, algunos están tan limitados en su educación o experiencia de la vida, que sus conocimientos de los diferentes temas para la discusión son estrechos. Hay también otras razones para una comunicación pobre.

BARRERAS PARA LA COMUNICACION

En ocasiones ponemos barreras para evitar la comunicación. *El evadir temas* es una técnica muy común. Esto es cuando nosotros clara y abiertamente rechazamos hablar sobre uno o varios temas. Puede que desviemos la conversación cuando nos imaginamos que la otra persona va a tocar el tema, o puede que paremos la conversación en seco, cuando está viene:

Esposa: ¿Qué sucedió en la consulta del doctor?

Esposo: Nada.

Esposa: ¿Quieres decirme que no te dijo nada sobre tu salud?

Esposo: No deseo hablar del tema. (Y ciertamente él no habla del tema.)

Un cambio de contenido es cuando la persona cambia el tema antes que la conversación llegue a él. El/ella puede que ignore completamente la pregunta:

Esposa: ¿Qué sucedió en la consulta del doctor?

Esposo: Me estaba preguntando, ¿Cómo la pasó Joe en el colegio hoy? ¿Le entregaron ya el resultado de su examen de matemáticas?

La persona que cambia el tema está intentando evadir responsabilidad. El evita una confrontación al cambiar la atención hacia otra persona. Puede que él incluso haga acusaciones. El cambiar el tema no es justo y es destructivo al proceso de una comunicación saludable. Hay tres formas de manejar esta dificultad.

1. Insista en quedarse en el tema que están conversando pero deje que su cónyuge sepa que usted está dispuesto a discutir el tema que él trajo, más tarde. "Yo estoy dispuesto a discutir el tema que has traído más tarde, pero ahora continuemos discutiendo (el primer tema)".

2. Ignore el cambio de tema y pregúntele sobre una solución constructiva a la situación que usted está discutiendo.

3. Respóndale el tema que su cónyuge trajo, pero regrese al tema original más tarde. Esto demuestra que usted está preocupado por los sentimientos de su cónyuge, pero también indica que el tema que usted ha traído tiene que ser discutido.

Otra barrera a la comunicación es la *repuesta escasa* la persona responde de forma limitada a una pregunta. El esposo de una mujer que ha tenido dolores en las piernas, problemas en el corazón y artritis, le hace varias preguntas. El doctor sospecha que ella tiene flebitis.

Esposo: ¿Qué sucedió hoy, en la consulta del doctor?

Esposa: Nada. Me vio las piernas y los tobillos.

Esposo: ¿Eso fue todo?

Esposa: Me tomó la presión sanguínea. (Etcétera.)

Cuando una persona trata de aclarar o discutir un detalle que no es relevante usa una sutileza para *evadir el punto*. En este ejemplo ambos se envuelven en la sutileza.

Esposa: ¿Qué sucedió hoy, en la consulta del doctor?

Esposo: Hoy no fui a la consulta del doctor.

Esposa: Tú fuiste.

Esposo: No, fui ayer.

Esposa: Pensé que era hoy.

Esposo: No.

Esposa: ¿Estás seguro?

Esposo: Seguro.

El uso de sutilezas para evadir un tema, ocurre a menudo en discusiones sobre un evento del pasado. Cada uno de nosotros recordamos los eventos con diferentes significado.

Esposa: ¡Tú llegaste a la 1:30 esa noche!

Esposo: ¡Oh, no! Eran las 11:30. Yo recuerdo que tú estabas aún mirando ese programa.

Esposa: No. Yo miré el reloj. Además, tú sabes que no recuerdas bien.

Una forma extraña de distracción en la comunicación ocurre cuando una persona habla sobre algo cuya relación inmediata, en cuanto a la discusión, no está clara. La discusión puede envolver *ejemplos irrelevantes* o ideas.

Esposa: ¿Qué sucedió hoy en la consulta del doctor?

Esposo: Sí, hoy fui al doctor. El me dijo que mi presión arterial estaba un poco alta. Tuve un buen almuerzo, pavo relleno. La salsa no estaba muy buena. Mi corazón está bien. Me dijo que estoy muy grueso. Que necesito más ejercicio.

Destruyendo la eficacia del tema es cuando una persona habla excesivamente sobre un tema. El esposo discute el juego de balompié en detalles. Su esposa indica que ella está familiarizada con el juego; ¡ella ha dado por terminado el tema!

Esposo: Ese fue tremendo pase a Jones al final de la zona. El estaba abierto. Nadie estaba a su alrededor. ¡Qué juego!

Esposa: Sí, yo lo vi, ¡te acuerdas!

Esposo: El pase se lo hicieron con bastante fuerza, pero Jones, lo alcanzó de todos modos. Buenas manos, y también corre rápido. Un juego crucial.

Esposa: (Silencio.)

Esposo: Era el cuarto intento (último intento), sólo quince segundos antes del tiempo intermedio...(etcétera, etcétera).

Respuesta excesiva envuelve a una persona hablando por mucho rato sobre un tema. Lo que está diciendo es mucho más de lo que tiene que decir en respuesta a la conversación con su compañera. La compañera no tiene oportunidad de responder a puntos específicos, puede que recuerde tan solo parte de lo que ha dicho, y puede estar deseando, ¡el no haber preguntado sobre el tema, para empezar!

Esposa: Harry, ¿cómo puedo reconocer la casa de la familia Smith cuando llegue a la calle Pine?

Esposo: Bueno, está a media cuadra en la primera manzana, al lado izquierdo. Creo que la entrada para el auto está hacia la derecha, con un camino hecho de ladrillos. Sí, está pintada de color verde obscuro, y tiene un buzón de correo al frente de la casa con su nombre escrito.

Esposa: ¿Hay alguna otra casa verde en la cuadra?

Esposo: No sólo esa.

Esposa: ¡Oh, eso es todo lo que necesitaba saber!

PATRONES DE COMUNICACION
DEFECTUOSA

Además de las barreras de comunicación descritas anteriormente, hay patrones de comunicación defectuosos que pueden también estorbar el desarrollo de un matrimonio.

Interrupciones frustran al compañero e indica que él/ella no está escuchando. Es importante esperar y escuchar mientras la otra persona está hablando.

Esposo: Bueno, pienso que la mejor solución será que tú...

Esposa: No, yo no puedo seguir con...

¡Encontrar faltas puede ser mortal! A medida que cada persona culpa al otro, ambos se enojan y la intimidad se bloquea.

Esposa: No debiste molestarte conmigo cuando llegué tarde.

Esposo: Bueno, no me hubiera puesto así, si tú hubieses llegado a tiempo.

El argumentar sobre de quién fue la culpa, no ayuda. Es mejor utilizar su energía en descubrir una solución que satisfaga a ambos.

Tratando de establecer "la verdad" A veces es en vano ya que cada uno tiene un punto de vista diferente de cómo sucedió algo. Ninguna de las personas logrará cambiar lo que el otro recuerda y si la discusión continúa, seguramente ambos terminarán enojados.

Esposa: ¡Tú no llegaste temprano a la casa, era ya tarde!

Esposo: Yo llegué a tiempo. Era tan sólo....

El desvío alimenta la querella. Es importante el no estar a la defensiva y atender un tema a la vez.

Esposo: Estoy cansado de ver los platos sucios en el fregadero todo el tiempo.

Esposa: Bueno, también tu escritorio está siempre regado.

Además está el *exceso de quejas*. Es mejor trabajar con un tema a la vez.

Esposa: Bueno, dejaste la bañadera llena de agua, ropas por el piso, la cama sin hacer, los platos en el fregadero, etcétera.

El colocar *culpas* sobre su cónyuge implica que es horrible e insensible. El enojo expresado en este comportamiento produce culpa, crea división.

Esposa: A ti sencillamente no te importan mis sentimientos. Me hieres y ni te inmutas...

Dando el ultimátum empujará a su compañero hacia un rincón. Puede que él se dé por vencido y pierda o puede reaccionar fuertemente y decirte que sigas adelante y lleves a cabo tus amenazas. Ambos traen resentimiento.

Esposo: Si haces eso, me voy, o voy a....

Las palabras llenas de *pólvora* tales como *siempre* y *nunca* atraen la respuesta defensiva. La persona que es acusada recordará cuando en *una* ocasión él respondió en forma apropiada. Un argumento que no sirve y ocupa tiempo llegará a ser probablemente el resultado final.

Esposa: Tú nunca vienes a casa cuando dices que vas a hacerlo.

El nombrar o describir lo que otro puede hacer implica que la persona no puede cambiar. Es una forma segura de producir enojo.

Esposo: Tú eres sencillamente insensible y estás falta de sexo.

Una mejor forma sería compartir con su cónyuge el comportamiento específico que le gustaría que él tuviera, lo que usted quiere que él/ella cambie.

La *justificación* no es siempre necesaria. Usted no tiene que justificar o dar razones por lo que le gusta o lo que no le gusta. Si a usted no le gusta algo, sencillamente diga que no le gusta. El dar razones a menudo lo único que hace es perpetuar el problema porque ahora la persona puede atacarle con sus razones y sus acciones. Al dar sus razones le ha dado control a su cónyuge.

Esposa: No deseo ir a las montañas en nuestras vacaciones. Como ya hemos hablado anteriormente, a mí no me gusta las alturas.

Esposo: Yo no sé, simplemente...

El *leer la mente* ocurre cuando usted le dice a su cónyuge que sabe lo que él/ella está pensando. Nos sentimos resentidos cuando una persona es autoritaria, y trata de decirnos cómo somos nosotros interiormente.

Esposa: Tú piensas que yo gasto mucho dinero.

Los *mensajes confusos*: crean falta de confianza en cualquier relación. Cuando usted se pone de acuerdo verbalmente pero el lenguaje de tu cuerpo comunica lo opuesto, ¿qué pensará la persona?

Esposa: Bueno, si eso es lo que tú quieres (señales y movimientos con sus ojos).

¿Qué piensa?

1. ¿En su relación, cuáles de estas dificultades para comunicarse ocurren con más frecuencia?

2. ¿Qué hará usted específicamente para cambiar cualquiera de estos patrones?

3. ¿Qué Escritura le ayudará a desarrollar un nuevo patrón de comunicación?

TIEMPOS DE COMUNICACION CRITICA

Hay dos tiempos extremadamente críticos para la comunicación entre los esposos. ¡Ambas ocasiones cuentan con sólo cuatro minutos! Eso es todo. Son los primeros cuatro minutos al despertarse en la mañana y los primeros cuatro minutos cuando se reúnen al final del día. Estos ocho minutos puede establecer el ambiente para el resto del día y de la noche. Este es un tiempo cuando las parejas pueden compartir su amor y cuidado, también sus intereses y pueden apoyarse el uno al otro, o pueden enojarse, tratarse con brusquedad, criticarse, o ser indiferente y afectar de forma contraria el resto del día o de la noche.

Examine los patrones que usted ha establecido en su matrimonio. ¿Se dicen ustedes las mismas cosas mañana tras mañana y noche tras noche? Piense sobre la forma en que ustedes se han respondido cada mañana durante la última semana y compare sus respuestas con esta lista.

El compañero silencioso —"No esperes que te hable hasta que me haya tomado la tercera taza de café", él gruñe mientras rechaza la actitud amigable de su esposa. El no se da cuenta de su actitud gruñona y pone su fe en la garantía que le produce la química mágica del café para suavizar la disposición de su carácter.

El Comandante —El se despierta dando órdenes. Su cónyuge se siente con deseos de dar el saludo militar. "Bueno, tenemos diez minutos para entrar en la cocina. Yo quiero huevos revueltos, tocineta tostada, y la mitad de una toronja.

Vamos, levántate. Primero ve y toma una ducha. Te voy a dar ocho minutos. Luego, yo me afeito, etcétera, etcétera".

El limpio compulsivo —Ella se tira de la cama tan pronto suena la alarma, y corre hacia el baño. Su esposo no puede

verla o tocarla hasta que ella se haya peinado su cabello, lavado sus dientes y enjuagado la boca. Es probablemente un síndrome que se originó en un comercial de televisión.

El experto en eficiencia Ella —"tú sabes, George, te lo digo cada mañana, si te hubieses despertado a las siete en vez de a las siete y media, tendrías cinco minutos para una afeitada caliente, siete minutos para una ducha, seis minutos para limpiar tus zapatos, ocho minutos para vestirte y cuatro minutos para peinar tu cabello. Entonces podrías ir a la cocina justo cuando estoy poniendo los huevos en la mesa. ¿Ahora, por qué no me escuchas? Te digo lo mismo cada mañana".

El experto en eficiencia El —"tú sabes, Helen, si tú te levantas doce minutos más temprano, podrías tener el café listo para el tiempo en que yo termino de afeitarme. Luego mientras yo me doy una ducha y me visto, podrías preparar mi almuerzo y terminar de hacer el desayuno. Podríamos hablar durante tres minutos y estaría en el auto a las siete y quince".

El aficionado afectuoso —"vamos, querido, no te vayas; tú sabes que me gusta hacer el amor en la mañana. Los niños pueden esperar unos pocos minutos por el desayuno". No es una forma mala de empezar el día si ambos tienen el mismo deseo y hacen el tiempo para el sexo sin interrumpir otras rutinas. Obviamente, si una pareja se despierta y se abrazan, y tienen cuatro minutos de besos y caricias, será muy probable que comiencen el día de forma positiva.

El cazador de trivialidades —"buenos días, estaré en casa hoy a las cinco. Ten la cena lista porque tengo una reunión a las siete. Dejé algunas ropas para la tintorería sobre la silla al lado de la ventana. No se te olvide renovar nuestra subscripción de la revista *Time*, y tener el correo separado para cuando llegue a casa, por favor...." Una forma garantizada de hacer sentir a su cónyuge como una empleada.

El pesimista destrozado, por el pánico —"¡Oh ahora es miércoles. Qué día más terrible voy tener. Tengo una fecha límite para reunirme (o tres niños que llevar a tres lugares

diferentes) y ni siquiera he comenzado. ¡Odio los miércoles!"
martes, lunes o aun domingos puede ser maldecidos de igual
forma.

El quejoso —"¿Jean, sabías que no he dormido en toda la
noche? Estas sábanas están asquerosas; ¿por qué no las
cambiaste? Y hay polvo encima de la mesa de noche. ¿Cuándo vas a aprender a limpiar?" Por otro lado, Jean puede que
comience su día con: "¿Jim, sabías que no pegué los ojos en
toda la noche? Son todos esas terribles cuentas que no hemos
pagado. ¿Por qué no podemos balancear nuestro presupuesto? ¿No has pedido todavía tu aumento? Me estoy volviendo
loca por pensar en el dinero, y yo necesito un traje nuevo para
la fiesta de los Carson".[1]

Discutan juntos sus rutinas matutinas. ¿Será este un momento en que desearán cercanía e intimidad o preferirán tener
un tiempo callado y de privacidad? Traten de hacer de su
rutina algo que les satisfaga a ambos y que les traigan
sentimientos de amor y positivismo.

El segundo momento importante tiene un impacto significativo en las relaciones de la pareja. ¿Qué sucede durante los
primeros cuatro minutos cuando usted y su cónyuge se reúnen al final del día? ¿Será un tiempo de reportes sobre las
noticias del día, el tiempo, las travesuras de los niños, u otras
malas noticias? ¿Será un tiempo de silencio?

Algunos cónyuges se quejan de ¡que el perro de la casa
recibe más atención que ellos! Y puede que sea verdad. A los
perros se les habla, se les acaricia, se le da golpecitos; se les
da masaje en las orejas y en la espalda y se le rascan los
cachetes. ¡No es una mala forma de saludar a su cónyuge!
Tocándolo, haciéndole preguntas de forma interesada, expre-
sándole alegría cuando lo ve, este conjunto de actitudes
puede hacer la noche mejor.

Un saludo positivo entre el esposo y la esposa puede tener
un impacto positivo en los otros miembros de la familia
también. He aquí varios pasos para mejorar su noche.

1. Cuando se vean al final del día cada uno exprese su atención hacia el otro en forma completa, escuche con sus ojos y sus oídos.

2. No entre con una lista para verificar si se hizo el trabajo, "¿Hiciste...?" Puede que su cónyuge termine sintiéndose como un empleado.

3. Tocarse, besarse, abrazarse, apoyarse el uno al otro —cualquier cosa que sea agradable para ambos.

4. No haga una queja de las primeras palabras que le dirija a su cónyuge. Esto pondrá desaliento en los deseos de verle.

5. Cree un tiempo de descanso. No le dé de inmediato a su cónyuge una lista de cosas para hacer. No entre y vaya directamente hacia el teléfono, lugar de trabajo o de distracción.

6. Prepárese mentalmente para saludar a su cónyuge. Pase tiempo pensando en qué le va a decir y hacer. Practíquelo en su mente. Al menos una noche en semana planee un saludo que le sorprenda —algo que usted raramente hace o nunca ha hecho antes.

7. Trate de lucir atractivo para su cónyuge. Un peinazo rápido del cabello o un lavado bocal serán apreciado.

8. Pueden telefonearse el uno al otro antes de irse del trabajo al final del día. Durante este tiempo pueden discutir quién tiene la mayor necesidad para ser suplida cuando llegue a la casa. Algunos días la esposa puede que necesite media hora de descanso, sin los niños para restaurar su sanidad.

Ambos puede que necesiten una media hora para aclarar su mente (después de los cuatro minutos iniciales) antes de ser humanos de nuevo. Inclusive puede que desee discutir cómo desea ser recibido cuando se vean de nuevo, al final del día.

REGLAS Y GUIAS DE COMUNICACION

Todos nosotros tenemos reglas por la que nos guiamos en nuestra comunicación y para resolver conflictos. Pero pocas veces los definimos o verbalizamos. Algunas reglas son saludables y positivas. Otras son negativas, perjudiciales y hacen perpetuos los problemas de comunicación.

Si las parejas casadas tomaran el tiempo de desarrollar guías específicas para su comunicación y acordaran seguirlas, la comunicación sería una experiencia muy positiva. Estas guías ayudan especialmente cuando hay diferencias de opiniones.

Hace unos años atrás mientras trabajaba con una pareja en consejería prematrimonial, descubrí que ellos tenían serios problemas en el área de conflicto. Les sugerí que desarrollasen un acuerdo de comunicación a seguir en sus conversaciones. La próxima semana regresaron con varias guías. Les despedí con la tarea de detallar los pasos que implicaban la aplicación de cada guía. Ellos regresaron con su lista y luego pasamos algún tiempo refinándola y revisándola.

A continuación está lo que acordaron sin modificar. ¿Podrían servir en su matrimonio estas guías?

ACUERDO DE COMUNICACION

Este acuerdo será leído por ambos, cada domingo y entonces nos preguntaremos el uno al otro en qué forma podemos mejorar nuestra aplicación del acuerdo, en nuestras vidas diarias.

1. Expresaremos nuestra irritación y molestia el uno con el otro, con amor, siendo específicos y de forma positiva en vez de guardarlas adentro o siendo negativos en general.

> A. Yo reconoceré que tengo un problema en vez de decir que tú estás haciendo esto y lo otro.

> B. No dejaré para luego, esperaré el momento oportuno, para expresar mi irritación o molestia.

C. Yo me señalaré las razones de mi enojo. Me preguntaré a mí mismo, por qué me siento irritado o enojado sobre este problema.

2. No exageraremos o atacaremos a la otra persona durante el curso de un desacuerdo.

A. Yo me mantendré con el tema específico.

B. Tomaré unos cuantos segundos para preparar mis palabras para ser exacto.

C. Yo consideraré las consecuencias de lo que voy a decir antes de decirlo.

D. No usaré las palabras siempre, todo el tiempo, todo el mundo, nada, etcétera.

3. Trataremos de controlar el nivel emocional y la intensidad de las discusiones. (Nada de griterías, enojo no controlado, comentarios hirientes.)

A. Tomaremos el tiempo para calmarnos, si alguno de nosotros siente que su enojo se está elevando demasiado. El tiempo mínimo para ese descanso será un minuto y el máximo diez minutos. La persona que necesite más tiempo para calmarse deberá ser la que ponga el límite de tiempo. Durante el descanso cada persona, por separado y por escrito, primero que todo, tendrá que definir el problema que se está discutiendo. Segundo, serán escuchadas las áreas de acuerdo y luego las áreas de desacuerdo, después las tres soluciones para usar como alternativas serán dadas al problema. Cuando regresemos la persona que ha estado más enojada le dirá al otro individuo "tengo interés en lo que has escrito durante nuestro descanso y estoy dispuesto y deseoso de que lo compartas conmigo".

B. Antes de yo decir nada decidiré si deseo que estas mismas declaraciones me sean dichas a mí, con las mismas palabras y tono de voz.

4. Nosotros "nunca dejaremos que el sol se ponga sobre nuestro enojo" o nunca huiremos el uno del otro durante una discusión.

A. Me recordaré que al controlar mi nivel emocional resolveré las cosas más rápido y haré que no nos alejemos de un problema.

B. Estoy dispuesto a hacer un sacrificio personal.

C. No tomaré ventaja de la otra persona alargando la discusión. Si hemos discutido el tema por 15 minutos, entonces en ese momento tomaremos un descanso y pondremos en práctica el procedimiento discutido bajo el #3.

5. Nos haremos el firme propósito de no interrumpirnos el uno al otro cuando estemos hablando. (Como resultado de este compromiso, no habrá necesidad de estarnos recordando nuestras responsabilidades, especialmente durante una discusión.)

A. Yo consideraré la información que se perderá si interrumpo a la otra persona.

B. Es importante que la persona que habla sea concisa y vaya al grano.

C. Yo recordaré que la persona que fue interrumpida no podrá escuchar tan bien como si yo hubiese esperado mi turno.

D. Pondré en práctica Proverbios 18:13 y Santiago 1:19.

6. Escucharemos atentamente a la otra persona cuando él/ella esté hablando (en vez de pasar ese tiempo pensando en una defensa).

A. Si me sorprendo maquinando mi respuesta mientras la otra persona está hablando yo diré, "por favor para y repite lo que dijiste, porque no te estaba escuchando y deseo saber lo que quieres compartirme".

B. Si estamos teniendo dificultad para escucharnos, entonces cuando una declaración es hecha, le repetiremos a la otra persona lo que escuchamos y luego le diremos qué pensamos sobre lo que estamos sintiendo.

7. No echaremos en cara los fracasos pasados de la otra persona durante una discusión.

A. Me recordaré que los fracasos pasados han sido discutidos y perdonados. El verdadero perdón significa que no se los recordaremos otra vez.

B. Me recordaré que el traer un fracaso del pasado en la conversación, paraliza a la otra persona en su crecimiento y desarrollo.

C. Si me sorprendo trayendo un fracaso del pasado le pediré a la otra persona perdón y luego diré lo que deseo que la otra persona haga en el futuro y me comprometo a tener este comportamiento.

8. Cuando algo es lo suficientemente importante para una persona discutirlo, es también muy importante para la otra persona.

A. Si yo tengo dificultad deseando discutir lo que la otra persona desea discutir le diré, "yo sé que este tema es importante para ti y yo deseo escucharlo aunque es un poco difícil para mí el hacerlo".

B. Al implementar este acuerdo y todos los principios de comunicación en este acuerdo también eliminaremos interferencias de afuera en nuestra comunicación como la radio encedida, televisión, libros que estamos leyendo de cuando éramos jóvenes, etcétera. Estaremos mirándonos el uno al otro y sosteniéndonos las manos durante nuestro tiempo de discusión.

Fecha
Firma esposo
Firma esposa

A medida que he compartido estas guías con otras personas, algunas me han dicho, "bueno, ellos han arreglado esto durante su tiempo de compromiso. Espera a que entren en la realidad del matrimonio".

Trece meses después de su matrimonio vi a la pareja para su última cita, como lo hago con todas las parejas. A mitad de la misma les pregunté si se acordaban del acuerdo que habían hecho anteriormente. Me dijeron, "¡Oh sí!, lo sacamos a menudo para revisarlo. Es curioso que lo revisamos hace dos semanas atrás y nos calificamos a nosotros mismos en una escala del 1-5 en cada sección, para ver cómo estábamos. 'Esto es lo que haré la próxima semana para mejorar mi aplicación de este acuerdo'".

No hice más preguntas.

¿Qué piensa?

1. Seleccione tres secciones de este acuerdo que le ayudarán en su comunicación.

2. Enumere tres de sus propias guías que le gustaría implementar.

3. ¿Qué pasaje de las Escrituras le gustaría aplicar al proceso de su comunicación?

Muchas parejas se comunican como si la vida fuese una competencia. Ellas se retan entre sí, compiten y se resisten de continuo el uno al otro. En nuestra sociedad somos enseñados a ser competitivos. Creemos que hay ganadores y perdedores y que es mejor ser un ganador (a toda costa). Hay muchos ganadores, sin embargo, hay quien ha ganado una batalla y luego pierde la guerra. La mejor forma de manejar el punto de vista de otra persona es sin peleas, más bien tratando y encontrando algún punto de acuerdo. Esto te permite continuar *con* la persona en vez de irle de frente a ella. La actitud que se necesita es, "¿cómo podremos ambos alcanzar algo de lo que deseamos?" ¡La vida no es una competencia! ¡Pero a menudo el esposo y la esposa la tornan así!

¿Cómo puede usted evitar que una discusión termine en una pelea y echar todo por tierra de un solo golpe, ya sea verbalmente o físicamente? Considere una situación en que el esposo y la esposa están hablando sobre cambiar sus planes de vacaciones. Han ido de vacaciones al mismo lugar por siete años y el esposo se siente muy cómodo en ese lugar. Su esposa desearía alguna variedad y un tiempo más activo. Durante los últimos siete años han pasado sus vacaciones comiendo, pescando, paseando un poco por los alrededores y mucho descanso. Joan le ha traído su nueva sugerencia a Rick.

Joan: "Bueno, Rick, ¿qué piensas de mi sugerencia?"

Rick: "Bueno, es algo nuevo para mí. No sé. Me ha sorprendido. Yo me siento satisfecho con el lugar donde hemos ido y yo pensaba que tú también lo estabas. Necesito pensar sobre el asunto".

Joan: "Qué bueno, Rick, porque debemos pensar sobre el asunto. Yo sé que tú has estado satisfecho, y yo también. Quizás podríamos hablar sobre qué cosa hemos disfrutado tanto y sobre las nuevas posibilidades a nuestro alcance en un lugar nuevo para las vacaciones. Quizás encontraremos algún doblez".

Joan aceptó la resistencia de Rick, pero ella trajo la atención de regreso a su sugerencia. Ahora ellos pueden empezar a evaluar.

Un segundo paso es el estar de acuerdo con cualquier sentimiento que su cónyuge haya expresado. Rick dijo que él estaba un poco sorprendido. Joan puede decir, "yo puedo entender que te sientas sorprendido (o enojado, temeroso, confundido, rechazado, etcétera). Yo comprendo que te sientas de esa forma. Probablemente yo me sentiría igual que tú. "Ya sea que usted se siente de esa forma o no, puede valorar los sentimientos de la otra persona. Usted no se está poniendo de acuerdo con los hechos o las ideas. Y ustedes pueden compartir cuando tienen los mismos sentimientos.

Joan puede también expresar curiosidad o interés en lo que Rick ha dicho. "Yo estoy interesada en las cosas que has disfrutado tanto de nuestras vacaciones". o, "cuéntame más sobre tus sentimientos de sorpresa. Yo estoy interesada en saber cómo tú piensas y te sientes".

Supongamos que Rick y Joan continúan su discusión y Rick comienza a compartir más sobre sus objeciones.

Rick: "Bueno, yo verdaderamente he disfrutado el detalle de discreción sobre el lugar donde vamos. No es un lugar muy concurrido, y no nos toma tres días manejar para llegar a él. Hemos conocido algunas personas allí que regresan cada año y me agrada mucho verles".

Joan: "Sí entiendo lo que me dices, este lugar se ha vuelto un lugar de descanso para ti, algo así como un lugar donde puedes esconderte de todos excepto de un grupo de personas que ya tú has seleccionado y que disfrutas".

Rick: "Sí, supongo que sí. No estoy seguro de cómo sería el cambio. Esto me resulta cómodo y no estoy seguro que un lugar nuevo resultaría tan relajante".

Ya para este momento Joan podría preguntarle a Rick qué otra información él necesitaría para considerar un cambio. Muy a menudo le decimos a nuestro cónyuge solamente lo que deseamos que ellos sepan para poderles convencer de nuestra nueva idea.

Hay otro principio a seguir: reconocimiento y persistencia.

Rick: "¿Por qué no hablamos de esto en otro momento? O quizás cuando lo hagamos podremos pensar planear esto para el año entrante y continuar con nuestros planes de ir al mismo lugar este mes de julio".

Joan: "Yo puedo entender que tú desee ir al mismo lugar, pero a mí me gustaría discutir la posibilidad de ir a un sitio nuevo *este* año".

Rick: "Yo no sé. Dejemos la discusión por el momento".

Joan: "Muy bien, estoy de acuerdo, pero antes señalemos el momento para discutir de nuevo, las vacaciones de este año".

Rick: "Por qué no esperamos un tiempo y después vemos eso".

Joan: "Yo entiendo que quizás tú no desees fijar el momento, pero a mí me gustaría que fijásemos el momento ahora, para poder hablar sobre las vacaciones de este año".

En esta última conversación Joan está reconociendo la resistencia de Rick pero insiste a pesar de la misma. Al persistir cuidadosamente, eventualmente la otra persona accederá a dedicar un tiempo para discutir las vacaciones de este año. Este trato puede trabajar muy bien cuando una persona tiende a esperar para discutir cualquier cosa o tomar una decisión.

En conclusión, he aquí un número de guías de comunicación. Lea la lista y luego complete la porción de "¿qué piensa?" al final del capítulo.

1. Salude a su cónyuge después de haber estado separados (aunque sea por tan sólo pocas horas) con una sonrisa, palabras agradables como por ejemplo un saludo alegre, tocándolo y besándolo, un cumplido, buen humor o contándole uno de los eventos interesantes o experiencias de "éxito" durante el día.

2. Separe el tiempo de transición entre el trabajo —o cualquier actividad potencialmente estenuante— y las otras partes del día. Este tiempo de transición está diseñado para proveer un "período de descompresión" para que así cualquier presión, frustración, fatiga, enojo, o ansiedad que pueda haber sido generada pueda afectar menos la comunicación marital. Algunos hombres oran mientras manejan de regreso a la casa, entregándole las actividades del día al Señor. Otros visualizan cómo van a reaccionar con cada miembro de la familia. Algunas parejas toman veinte minutos cuando llegan a la casa para sentarse en un lugar a media luz y escuchar un disco favorito con muy poca conversación.

3. Nunca discuta temas serios o cosas importantes que envuelvan desacuerdos potenciales cuando usted o su cónyuge

están muy cansados, emocionalmente disgustados, enfermos, heridos, o con dolor.

4. Separe un tiempo especial para ponerse de acuerdo, cada día, y discutir temas que envuelven el tener que tomar decisiones, negocios de familia, desacuerdos, y problemas. Este *tiempo de decisiones* debe permitirles hablar en forma relajada y sin interrupción para tomar decisiones y considerar actividades para resolver problemas. Ninguna otra actividad debe tomar lugar en ese momento, como es el comer, manejar o mirar televisión. Desconecte el teléfono. También puede que les ayude el poner un tiempo límite a esta actividad.

5. Algunas parejas han encontrado muy beneficioso el guardar todas las quejas sobre su matrimonio, desacuerdos, y decisiones unidas, para ese tiempo de decisión, cuando se pueden discutir mejor estos temas. Tome nota de los acontecimientos mientras surjan. Cuando usted expone un problema o expone una queja sea específico sobre lo que usted desea de la otra persona. ¿Desea que se enoje, se defienda, se resista, y que continúe el problema? O desea que se abra, que haya cooperación y una oportunidad de parte de la otra persona? Según la forma en que usted maneje el problema determinará la reacción de su cónyuge.

Ejemplo: "Tú no te envuelves lo suficiente con los niños".

Mejor es decir: "Yo aprecio el tiempo que pasas con los niños y ellos también lo aprecian. Yo sé que tienes muchas cosas que hacer, pero todos apreciaríamos que evaluaras tu itinerario para que pudieras pasar más tiempo con ellos".

Ejemplo: "Tú no eres nunca cariñoso".

Mejor es decir: "Yo disfruto los momentos cuando me tocas". Apreciaría mucho si me pudieras tocar y abrazar varias veces al día y también déjame saber si a ti te gusta algo de lo que yo estoy haciendo".

El reconocimiento y halago sobre lo que otra persona ha hecho es necesario para su sentido de autoestima. También abre la puerta para una persona aceptar una sugerencia constructiva.

6. En la sección de decisiones, trate de alcanzar una solución específica.

7. Separe un tiempo programado para conversaciones matrimoniales que no sean controversiales, diariamente si es posible. Sobre los temas que pueden discutirse están: Las experiencias que cada uno de ustedes han tenido durante el día, o en otros momentos; planes no controversiales o decisiones que envuelven al compañero como individuo; la pareja o la familia.

8. Cada persona debiera tener una señal "de cambio de tema controversial" para señalarle a su cónyuge que cambie la conversación de un tópico controversial. La señal debe ser basada en palabras o frases neutrales que ambos acuerden.

9. No culpe a su cónyuge. Guarde las quejas y las propuestas de cambio para el tiempo de decisión.

10. Manténgase en el tema que están discutiendo hasta que cada uno de ustedes hayan expresado su opinión.

11. Evite hablar sobre lo que sucedió en el pasado o lo que pudiera pasar en el futuro, si es algo potencialmente controversial.

12. Sea específico sobre lo que usted habla. Defina sus términos y evite exageraciones y generalizaciones.

13. Reconozca los puntos principales por lo que su compañero dice palabras semejantes a estas: "Ya veo," "te entiendo," "sí," "Um-hm."

14. Trate de mantener los aspectos no verbales de su conversación de forma consistentes con el mensaje verbal. No exprese halagos poniendo mala cara, o con un tono de voz indiferente sino con una expresión facial placentera.

15. Sea lo más exacto que pueda al describir objetivos o eventos a su compañero. Recuerde que usted está describiéndolo desde su punto de vista.

16. Alabe a su cónyuge por las cosas que él/ella dice y que a usted le gusta. Use palabras que piensa serán apreciadas.

17. Discuta temas con su compañero que usted sabe que a él/ella le agradarán hablar. Si su compañero no discute los

temas de tu satisfacción, no repare en sugerir que a usted le gustaría discutir el tema en particular más a fondo.

18. Nunca exagere para lograr un punto. Si usted realmente desea persuadir a su cónyuge, escriba el tema y guárdelo para la próxima sección del tiempo de decisión.

19. No haga suposiciones o lea la mente de su compañero en referencia a lo que él ha dicho.

20. No evada el punto usando sutilezas con detalles triviales o menores.

21. Responda completamente pero no en forma excesiva cuando le toca su momento de hablar.

22. Repita lo que usted piensa que su compañero ha dicho si tiene algún problema entendiéndole o si usted piensa que no escuchó lo que él/ella deseaba decir.

23. Ayúdense el uno al otro para seguir las reglas. Alabe a su cónyuge por seguir las reglas al hablar.

¿Qué piensa?

1. Regrese a la lista y ponga sus iniciales en cada sección que le gustaría aplicar en su matrimonio. Después que su cónyuge haya hecho lo mismo, comparta sobre lo que ha escogido. Discuta los pasos que tomará para implementar estos principios en su matrimonio. Separe un día para evaluar cómo estas guías están trabajando.

Nota

1. Leonard Zunin, M.D., *Contact: The First Four Minutes* (New York: Random House, 1972), páginas 136-137.

CAPITULO SIETE

¿EN QUE SE DIFERENCIAN LOS HOMBRES DE LAS MUJERES?

"¡Oh, él piensa como hombre!", dice Betty en un momento de desesperación. "El nunca parece entender lo que estoy hablando".

Su esposo John dice: "Mira, yo trato de hablarle a ella con lógica, pero ella está en otra onda. ¿Por qué no puede tener una actitud de lógica? En realidad, ¡yo encuentro que las mayoría de las mujeres son como ella! ¡Nunca van al grano!"

¿Ha escuchado usted alguna vez comentarios como estos? Quizás usted ha hecho comentarios similares porque tiene dificultades entendiendo cómo se comunica su compañera.

Yo he escuchado a algunas personas decir, que ellos se sienten como si se hubiesen casado con algún extranjero.

¿Cuán diferentes son los hombres de las mujeres en su forma de pensar? ¿En la forma en que se comunican? ¿O, habrá alguna diferencia? ¿Qué usted piensa?

Lea a continuación la lista de diferencias entre los hombres y las mujeres, que han sido recogidas de diferentes fuentes de información. Piense sobre cada declaración. ¿Está usted de acuerdo con ellas?

DIFERENCIAS ENTRE LOS DOS SEXOS

1. Los hombres y las mujeres son muy diferentes por naturaleza, en la forma que piensan, actúan, reaccionan, etcétera. Estas diferencias pueden ser complementadas, pero muy a menudo provocan conflictos en el matrimonio.

2. La mujer es un ser que percibe emocionalmente; el hombre es un pensador lógico.

3. Para una mujer el lenguaje hablado es una expresión de lo que ella *siente*; para un hombre el lenguaje hablado es una expresión de lo que él está *pensando*.

4. El lenguaje que es escuchado por una mujer, se convierte en una experiencia emocional; el lenguaje que es escuchado por un hombre, se convierte en información recibida.

5. Las mujeres tienden a tomar todo de forma personal; los hombres tienden a tomar todo de forma impersonal.

6. Las mujeres están interesadas en los detalles, las pequeñeces; los hombres están interesados en lo principal, lo abstracto, la filosofía.

7. En cuanto a cosas materiales, las mujeres tienden a mirar las metas solamente; los hombres desean saber los detalles de cómo llegar a ellas.

8. En cuanto a cosas espirituales o intangibles, lo opuesto es verdad. Los hombres miran hacia las metas; las mujeres desean saber cómo llegar a ellas.

9. Los hombres son como gabinetes de archivos. Ellos toman los problemas, lo archivan y cierran la gaveta. ¡Las

mujeres son como las computadoras; sus mentes siguen pensando sobre el problema hasta que lo resuelven!

10. El hogar de una mujer es la extensión de su personalidad; el trabajo del hombre es la extensión de su personalidad.

11. Las mujeres tienen una gran necesidad de tener seguridad y raíces; los hombres pueden ser nómadas.

12. Las mujeres tienden a culpar; los hombres tienden a ser rencorosos.

13. Los hombres son estables y mesurados; las mujeres siempre están cambiando.

14. Las mujeres tienden a involucrarse con más facilidad y más rápidamente; los hombres tienden a retroceder y evaluar la situación.

15. A los hombres hay que decirles una y otra vez las cosas; ¡las mujeres nunca se olvidan!

16. Los hombres tienden a recordar la clave de un asunto; las mujeres tienden a recordar detalles y distorsionan la clave del asunto.

¿Qué piensa?

1. Regresa a través de la lista e indica si estás de acuerdo o no con cada punto. Si no estás de acuerdo, cambia cada uno de manera que se pueda leer de la forma que usted piensa.

2. Comparta sus reacciones con su cónyuge y discuta cómo es que se ven el uno al otro.

3. Si una persona cree estas declaraciones, ¿cómo le afectaría la forma en que él reacciona a miembros del sexo opuesto?

4. Si hay diferencias marcadas entre los hombres y las mujeres, ¿serán acaso estas diferencias porque esa es la forma en que los hombres y las mujeres son creados, o son estas diferencias aprendidas y desarrolladas?

DIFERENCIAS ACTUALES

¿Son acaso verdaderas, las diferencias enumeradas? Y si lo son, ¿será eso bueno o malo? Algunas personas tienen creencias muy definidas sobre los hombres y las mujeres. Y esas creencias, le dan matices a la forma en que ellos se comportan y reaccionan hacia otras personas, incluyendo a sus cónyuges. Miremos algunas de las diferencias ya probadas entre los hombres y las mujeres. Génesis 1:27 dice: "varón y hembra los creó". Desde el comienzo, la Biblia dice, que había una diferencia. Dios deseó que el varón y la hembra fuesen diferentes. Así que primero que todo, hay un sinnúmero de diferencias físicas entre los hombres y las mujeres.

El doctor David McClelland de Harvard concluye que literalmente miles de estudios muestran que existen significativas diferencias sexuales. En toda las sociedades humanas, los hombres son más grandes y fuertes que las mujeres. El hombre promedio es 6 por ciento más grande que la mujer promedio. También es 6 por ciento más alto que la mujer promedio. También los hombres promedios tienen un 20 por ciento más de peso que las mujeres. Esto es causado por una masa mayor en sus cuerpos, mayormente de músculos y huesos más grandes. Los músculos más grandes en los varones le permiten levantar más peso, lanzar una pelota más lejos o corren más rápido que la mayoría de las mujeres. Aun en el momento del nacimiento, el varón tiene más fuerza para levantar su cabeza más alto y por períodos de tiempo más largos, que las hembras. Durante la pubertad, la diferencia en la fuerza del varón se acentúa, mayormente por causa de las testosteronas.

Los hombres tienen un nivel de metabolismo más alto. Ellos producen más energía física que las mujeres y por lo tanto necesitan más comida para mantener el cuerpo funcionando a toda su capacidad. Las mujeres son usualmente unos cuantos grados más frías que los hombres, y por lo tanto puede que por eso requieran menos comida para mantener un peso constante. La sangre del varón es más rica que la de las mujeres, con un promedio de 300,000 más de corpúsculos rojos por milímetro cúbico.[1]

¿Significará esto que los hombres son superiores físicamente que las mujeres? Algunas personas llegan a esa conclusión (¡especialmente los hombres!) Pero estudios recientes indican que las mujeres en realidad poseen ciertas ventajas biológicas, cuando se comparan con los hombres.

- De 130-150 varones son concebidos por cada hembra, pero cuando llega el momento del nacimiento, se logran tan solo 106 varones por cada 100 hembras.
- Hay un 25 por ciento mayor de varones que nacen prematuros que hembras.
- Durante el primer año el nivel de mortalidad entre los varones es casi un tercio mayor que entre las hembras.
- Las infecciones circulatorias, respiratorias y enfermedades digestivas afectan a los varones en mayor número que a las hembras.

¿Pero qué tal de las diferencias psicológicas? Esta es el área que afecta la comunicación entre los hombres y las mujeres. Las personas tienden a tomar puntos de vistas extremos sobre este tema en particular. Algunos dicen que los hombres y las mujeres son, total y mentalmente diferentes, y otros dicen que no hay diferencia psicológica o mental entre los sexos. Hay algunas diferencias entre los sexos pero ellas puede que no sean tan extensas como a algunos les gustaría pensar. En algunas áreas los hombres y las mujeres se parecen mucho y en otras áreas son muy diferentes.

¿Qué piensa?

1. Antes que continúe en su lectura, haga una lista de las formas que usted y su cónyuge son diferentes por causa del

sexo. Haga una lista específica de sus cualidades particulares y las de su cónyuge.

2. Indique cuáles de éstas piensa usted que podría cambiar y cómo haría estos cambios.

El doctor Carol N. Jacklin y doctor Eleanor E. Maccoby, investigadores en la Universidad de Standford, publicaron un estudio hecho en 1974 (*La psicología de las diferencias sexuales*) en las cuales ellos revisaron y resumieron más de 2,000 libros y artículos sobre el tema. Presentaron varias conclusiones sobre las diferencias entre el varón y la hembra:

> Los varones tienen habilidades verbales superiores, los varones sobresalen en actividades visuales/espacio, y los varones son mejores en matemáticas. Además, los investigadores creen que la evidencia fue suficiente para rechazar ocho mitos sobre las diferencias de los sexos. Ellos llegaron a la conclusión de que los sexos no se diferencian en (1) sociabilidad, (2) autoestima, (3) motivaciones para lograr las cosas, (4) facilidad para aprender de memoria las cosas, (5) mente analítica, (6) susceptibilidad a la influencia del medio ambiente, o (7) reacción a estímulos auditivos/visuales. Estas características no son biológicas en su naturaleza.[2]

También se han notado otras diferencias. Las mujeres son más propensas que los hombres a expresar sus emociones y demostrar compasión en respuesta a las emociones de los demás. Los hombres en general son más hábiles que las mujeres a la percepción de espacios visuales, o figuras geométricas de objetos. Las hembras tienden a ser más ansiosas que los varones sobre el riesgo a fracasar. Cuando ellas fracasan son más propensas a culparse ellas mismas. Cuando los varones fracasan, tienden a culpar a otros.

La cultura juega un papel importante en nuestra determinación de lo que es masculino y lo que es femenino. Demasiados hombres guían sus vidas por estos diez mandamientos de masculinidad (por Warren Farrell).

1. No llorarás o expresarás otros sentimientos o emociones, temores, debilidades, simpatías, compasión o comprometerse delante de su vecino.

2. No serás vulnerable, más bien honra y respeta lo "lógico", "práctico" o "intelectual" —como sea que lo definas.

3. No escucharás, excepto para escuchar faltas.

4. Compórtate dignamente con la mujer en las cosas tanto pequeñas y como grandes.

5. Deberás controlar el cuerpo de tu esposa y todas sus relaciones.

6. No tendrás otros egos delante de ti.

7. No tendrás otros que ganen el pan de cada día delante de ti.

8. No serás responsable del trabajo de la casa delante de nadie.

9. Deberás honrar y obedecer el camino recto y estrecho, que lleva al éxito; especialización del trabajo.

10. Deberás tener una respuesta para todos los problemas en todo tiempo.[3]

Mientras he conducido seminarios de enriquecimiento matrimonial con miles de parejas a lo largo de la nación en los últimos diez años, muchas esposas han compartido la misma preocupación: "Los hombres no comparten todas sus emociones". Estas mujeres dicen que ellas no conocen lo que sus esposos sienten o ni siquiera si ellos están sintiendo algo. Los esposos evaden el ser conocidos. (Esto aparenta ser cierto con sus relaciones con otros hombres como con otras mujeres. Vea el libro excelente de David Smith *Firendless American Male* (El varón americano sin amigos), Regal Books.)

Muchos hombres no tienen suficiente vocabulario para expresar sus emociones. A medida que iban aprendiendo a ser hombres ellos aprendieron a valorar las expresiones de masculinidad y a devaluar lo que ellos catalogaron como expresiones de "femineidad". Estos hombres están encerrados emocionalmente. No se sienten cómodos compartiendo sus fracasos, ansiedades, o desengaños. Una indicación de ser un hombre es, "yo lo puedo hacer solo, no necesito ninguna ayuda". Desafortunadamente esto les lleva a la incapacidad de decir "ayúdame", cuando la realidad es que necesitan ayuda desesperadamente. La masculinidad significa no depender de nadie. La dependencia equivale a ser un parásito. Estos hombres resisten el ser dependientes. Esto se muestra a menudo en la obsesión del hombre con su trabajo y en su incapacidad para sacar un tiempo de descanso y esparcimiento —a menos que él esté en una situación altamente competitiva, y sus luchas sean con los fines de semanas y vacaciones.

Muchos hombres piensan que todos los sentimientos son "debilidades". Simpatía y compasión son cosa rara para ellos. El temor es una de las emociones más difíciles para ellos admitir.

Algunos hombres (y algunas mujeres) usan su intelecto para defenderse contra sus sentimientos. Puede que ellos examinen, analicen y discutan sus emociones, pero no la comparten de forma espontánea. Los hombres y las mujeres tienen las mismas emociones. Los hombres *no* tienen emociones diferentes a las de las mujeres. Nosotros simplemente diferimos en la forma que la expresamos. Muchos hombres se muestran como completamente cognoscivos o lógicos. Muchas mujeres se muestran completamente orientadas a relaciones y sentimientos. ¿Podría ser que en realidad somos de ambas formas? ¿Podría ser que hay varias formas de lógicas? No todo el mundo va directamente de la A, a la B y a la C. Algunos dejan la A y dan varios desvíos antes de llegar a la B y luego toman varios caminos laterales antes de llegar a la C. Algunos van por este proceso en pocas palabras, otros añaden adjetivos que describen y pintan una imagen mental hermosa. Considere a la discusión del doctor Ross Campbell, nos da la diferencia entre comunicación emocional y objetiva.

Podemos comenzar por darnos cuenta de que hay una diferencia entre la comunicación cognoscitiva (esto es, intelectual o racional) y la comunicación emocional (esto es, sentimientos). Personas que primeramente se comunican en un nivel cognoscitivo tratan básicamente con datos objetivos. A ellos les gusta hablar sobre temas como los deportes, la bolsa de valores, el dinero, las casas, los trabajos, etcétera, manteniendo el tema de conversación fuera del área emocional. Usualmente se sienten muy incómodos lidiando con temas que sacan a relucir los sentimientos, especialmente sentimientos desagradables como el enojo. Como consecuencia, ellos evaden hablar sobre temas que envuelve el amor, temor y enojo. Estas personas tienen dificultad, para ser cálidos y apoyar a sus cónyuges.

Otros se comunican más en el nivel sentimental. Ellos se cansan fácilmente de datos puramente objetivos, y sienten una necesidad de compartir sentimientos, especialmente con sus cónyuges. Ellos sienten que la atmósfera entre un esposo y su esposa tiene que ser lo más libre posible de sentimientos desagradables como la tensión, enojo y resentimiento. Así que, por supuesto, ellos desean hablar sobre estas cosas emocionales, resolver conflictos con sus cónyuges, limpiar el aire y mantener las cosas agradables entre ellos.

Por supuesto que nadie es completamente cognoscitivo o completamente emocional.

/_____/_____/_____/_____/_____/_____/_____/_____/_____/

Emocional   Cognoscitivo

1. Indique dónde, usted se encuentra en esta gráfica, poniendo sus iniciales cerca de la marca apropiada.

2. Indique dónde está, cada miembro de su familia, en esta gráfica, usando sus iniciales.

3. Indique dónde usted piensa que ellos le pondrían en esta gráfica. Marque sus iniciales y circúlelas.

Una persona hacia el lado izquierdo de la gráfica, que comparte más sus sentimientos, no es menos brillante o menos intelectual. Esta persona está consciente de los sentimientos de él/ella y usualmente está mejor capacitado para hacer algo al respecto. Por otro lado, la persona que está hacia el lado derecho de la gráfica, que demuestra menos sus sentimientos, no es que tenga menos sentimientos; los sentimientos son simplemente contenidos y enterrados, y esta persona está menos consciente y a menudo ciega de sus sentimientos.

Un hecho sorprendente es que las llamadas personas cognoscitivas (hacia la derecha) son controladas por sus sentimientos al igual que las así llamadas, personas emocionales, pero ellos no se dan cuenta de esto. Por ejemplo, el rígido e inflexible, el intelectual formal, tiene sentimientos profundos también, pero usa una enorme energía y los mantiene enterrados para que no le molesten con ellos. Desafortunadamente estos le molestarán. Cuando alguien (como la esposa "emocional", o hijos) están alrededor pidiéndole afecto y calor, él no solamente no puede reaccionar, sino que se enoja porque su equilibrio precioso ha sido interrumpido.[4]

Una creencia que algunos hombres tienen es que el ser masculino automáticamente significa ser lógico, analítico o científico. La palabra *lógico* significa "capaz de razonar o de usar la razón en forma ordenada y convincente". Por eso la intuición o la habilidad de sentir o percibir lo que está sucediendo no está disponible para muchos hombres, porque esto parece femenino. Ellos piensan que la lógica y la intuición no pueden trabajar juntas.

Warren Farrel formula una interesante pregunta: "¿Una persona que expresa sus emociones, tiene que pensar sin lógica o abandonar sus emociones, para pensar lógicamente?"[5] ¿No es posible que la persona que está en contacto con sus emociones y las expresa libremente pueda ver las cosas correcta y tomar decisiones lógicamente y de forma perceptiva también? No se debe temer a los sentimientos sino experimentarlos y expresarlos. Estos deben ser aceptados como uno de los dones de Dios y ser usados para añadir mayor profundidad a la vida. Los sentimientos deben ser usados como un escape interior.

Herb Goldberg, en su revelador libro *The Hazards of Being Male* (Los problemas de ser varón), describe las consecuencias destructivas para el hombre que no expresa sus emociones.

1. Es vulnerable a comportamientos súbitos e impredecibles.

2. Niega sus sentimientos y necesidades y luego se convierte en una persona resentida porque la intimidad le sorprende en su cara y no puede entender el yo escondido de forma correcta.

3. Es propenso a desajustes emocionales y perturbaciones.

4. Es propenso a un sinnúmero de desórdenes psicológicos.

5. Las defensas contra esos sentimientos le obligan más y más lejos a alejarse de las relaciones familiares.

6. Su incapacidad de pedir ayuda significa que cuando sus defensas comiencen a quebrantarse, él comenzará a retraer más y más o acudirá a las drogas o el alcohol.[6]

La carencia de expresión y aceptación emocional es una de las contribuciones a la crisis de media-vida del hombre (Ver *Seasons of a Marriage* (Estaciones de un Matrimonio) para una discusión completa). El hombre no fue creado para negar sus emociones. Nadie lo ha sido. Tampoco fuimos nosotros creados para simplemente expresar nuestras emociones y no usar la habilidad cognoscitiva que Dios nos ha dado. La comunicación en algunas personas reflejan una vida desprovista del pensamiento y sentimiento correcto.

Dios en Su acto creativo nos ha dado a todos nosotros temperamentos, talentos, dones espirituales, habilidades y motivaciones diferentes. Sin embargo nuestra cultura y forma de crianza pueden crear un filtro que nos impide experimentar nuestra creación al máximo. Muy pronto comenzamos a ser moldeados según este mundo. Pero Pablo nos dice, "Y no os adaptéis a este mundo, sino transformaos mediante la renovación de vuestra mente, para que verifiquéis cuál es la voluntad de Dios: lo que es bueno, aceptable y perfecto" (Romanos 12:2, BLA).

Aun si las mujeres son más propensas a expresar sus emociones y simpatías, ¿acaso la Palabra de Dios dice que ésta era la forma que se supone que sucediera? La cultura puede que nos diga que las emociones son rasgos femeninos, pero la Palabra de Dios no está de acuerdo. Jesús expresó enojo. El lloró. ¡El sintió angustia y estuvo profundamente deprimido! En la palabra de Dios se nos llama a experimentar varias actitudes y a demostrar expresiones externas de crecimiento cristiano y carácter. En el Sermón del Monte, Jesús dice, bienaventurado son aquellos que están tristes, que poseen un espíritu apacible, que muestran misericordia, cuyos corazones son puros, y quienes son pacificadores. Somos llamados a manifestar los frutos del Espíritu que son amor, gozo, paz, paciencia, benignidad, bondad, fidelidad mansedumbre y templanza.

Jack Balswick, con un doctorado en sociología, argumenta que la evidencia más fuerte de que los diferentes temperamentos innatos existen con cada sexo es la similitud general de comportamiento para los masculinos y los femeninos en la mayoría de las culturas. Mientras que los sexos difieren en psicología y en temperamento, mucho de lo que nosotros llamamos comportamiento o actitud masculina o femenina, es socialmente condicionado (alimentado) en vez del resultado biológico (naturaleza). Mucho de los comportamientos que ahora se explica como biológicamente masculino o femenino, puede muy fácilmente explicarse como socialmente condicionados.[7]

Si hemos aprendido ciertos patrones de comportamiento en el pasado, las buenas noticias son, que nosotros podemos también dejar de hacerlo y comenzar a reaccionar de una forma nueva. El resultado será un cambio para mejorar nuestra habilidad de comunicarnos.

Regrese y lea la lista original de artículos que daban a entender que había diferencias entre los hombres y las mujeres. Las palabras como *siempre* o *nunca* son muy absolutas. Ellas simplemente perpetúan un estereotipo.

¿Qué piensa?

1. ¿Algunas de esas declaraciones le describen? Si es así, ¿cómo se siente con esta *tendencia* en su vida?

2. ¿Cómo esta tendencia afecta su matrimonio? Específicamente, el proceso de la comunicación?

3. ¿Será esta una tendencia que le gustaría cambiar? Si es así, ¿por qué?

4. ¿Cómo se siente su cónyuge con esta tendencia?

Usted puede encontrar que sus propias tendencias no se ajustan a lo que ha sido sugerido como características femeninas o masculinas.

EDIFIQUE SU VOCABULARIO

Si usted no sabe cómo compartir sus sentimientos y emociones, obtenga un diccionario de sinónimos o diccionario de conocimientos y comience a ampliar su vocabulario. Cuando llegue el momento de compartir, dé tres o cuatro oraciones que describan, en vez de una línea que resuma. Su descripción debe incluir al menos una palabra de sentimiento o emoción.

Yo menciono el resumen en una línea, porque en los grupos de parejas de matrimonio yo mencioné anteriormente una queja muy importante de las mujeres que es: "Los hombres nunca dan suficientes detalles. Ellos nos dan el resumen". Como lo expresara una mujer, "Jim está en el teléfono por veinte minutos hablando con un amigo. Cuando él termina en el teléfono y yo le pregunto de qué hablaron, él me da la respuesta en una oración. Yo no deseo la versión condensada. ¡Yo deseo la historia completa, tipo novela! Un día él vino a casa y me dijo que se había encontrado con uno de nuestros mejores amigos y que la esposa del hombre había tenido su bebé temprano esa mañana. Le pregunté, 'bueno, ¿fue varón o hembra? ¿De qué tamaño era? ¿A qué hora nació? etcétera'. El me dijo que lo único que recordaba era que tuvieron un bebé. ¡El no se acordaba de todos esos detalles triviales!"

Otra señora en el seminario sugirió que "los hombres tienen la tendencia a ver la comunicación como se ve un telegrama. Las mujeres la ven como una cena la cual hay que saborear". Los hombres tienen la tendencia a no compartir muchos detalles en ciertas áreas o sobre ciertos temas. ¡Pero escúchanos hablar sobre lo que para *nosotros* es importante! Nuestro trabajo, nuestro entretenimiento, nuestra diversión, etcétera. Los hombres pueden dar tanto detalle como las mujeres y ser tan preciso como cualquier persona cuando ellos lo desean. Y ellos pueden expresarse con detalles y con emociones también. Yo he escuchado a hombres comunicarse de tal forma que me han conmovido y he llorado. Cada año yo leo docenas de novelas y muchos de sus autores son hombres. Ellos pintan cuadros con palabras en mi mente que se forman como una combinación de hechos, sentimientos y adjetivos descriptivos. Nosotros *somos* capaces.

El hombre, que es más un tipo de persona que reacciona cognoscivamente, no solamente puede ampliar su vocabulario, sino que él puede comenzar a pensar en voz alta en la presencia de su esposa. El puede decirle a ella, "yo sencillamente voy a cavilar en voz alta y lo que yo diga puede que no tenga mucho sentido o tenga una continuidad, pero estoy dispuesto a tratar de describir cómo fue mi día para que tú lo escuches". Nosotros *somos* capaces.

Una forma simple de aprender cómo expresar lo que decimos es con el método XYZ: X es el evento actual que usted desea describir; Y son sus sentimientos sobre el evento; Z son las consecuencias o resultados del evento.

En vez de regresar a casa del trabajo y decir, "hoy traje un auto nuevo". Punto. Trate de expresar el tema: "A que no adivinas lo que hice. ¡Caracoles, estoy emocionado! Finalmente hice algo que siempre he deseado hacer pero que temía hacer. Vi este auto nuevo en la agencia, que era exactamente lo que estuvimos hablando hace tres meses atrás. Vi el precio, les ofrecí $400 menos, y lo compré. Me siento de lo mejor. En realidad me siento como un muchacho de nuevo. ¡Y es un auto que podemos pagar! ¿Te gustaría dar un paseo en el auto conmigo esta noche?"

Recuerde el compartir es algo más que el evento. Las personas que le aman desean saber sobre sus sentimientos internos así como lo que piensa. Si usted toma una decisión

X Es el evento actual que usted desea describir

Y Son sus sentimiento relacionados con el evento

Z Son las consecuencias o resultados del evento

Una forma simple de aprender cómo ampliar lo que decimos es con el método XYZ

sobre algo, no comparta simplemente la decisión. Comparte con su cónyuge el proceso que le llevó a tomar tal decisión.

¿Qué puede hacer una esposa para ayudar a su esposo a compartir sus sentimientos?

La esposa puede hacer un sinnúmero de cosas para ayudar a su esposo a que sea más expresivo, pero los cambios, si ocurren, tomarán tiempo. Estás combatiendo años de condición creada, así que tenga cuidado de no hacer demandas que él no pueda cumplir aún.

Bárbara, contadora pública y madre de cuarenta años, dijo, "cuando yo deseaba que John compartiera, yo deseaba saber sus sentimientos en el momento que yo quería. Mi petición fue interpretada como una demanda. Y un día me lo dejó saber. Yo aprendí a ser sensible a sus días malos y sus estados de ánimo y cuando él comenzaba a compartir alguna de sus frustraciones, yo le escuchaba y le atendía bien. El no deseaba un diálogo o a alguien que le resolviese sus problemas. ¡El deseaba ventilar lo que tenía adentro, y yo deseaba escuchar!"

Algunas de las sugerencias que siguen a continuación puede que suenen familiares, otras muy nuevas. Recuerde, si lo que usted está haciendo ahora no le está dando resultados, ¿Por qué seguir usando el mismo método? El usar un nuevo método de una forma amorosa y consistente, puede que le ayude a edificar la intimidad que usted está buscando.

Ayude a su esposo a reconocer que él tiene sentimientos dentro y que al él aprender a compartir los mismos, su relación florecerá. Un esposo dijo, "después de quince años de matrimonio, yo me preguntaba el por qué nuestras relaciones estaban tan insípidas. Y entonces me di cuenta que no eran nuestras relaciones, ¡era yo! Cuando Jan me hacía preguntas o deseaba hablar, yo le daba pensamientos y hechos, pero no los sentimientos. Ella hubiera podido recibir lo mismo de una computadora. Nosotros decidimos tomar quince minutos en el día para compartir. Ella estuvo de acuerdo conmigo, de resumir sus descripciones a tres minutos, en tres o cuatro oraciones. Yo acordé que cualquier cosa que dijera la diría con palabras que expresasen sentimientos. Nos tomó un tiempo el aprender este nuevo estilo, ¡pero qué diferencia ha hecho! yo comparto —ella escucha— y nos sentimos más cerca el uno del otro".

Trate con preguntas directas que animan a una respuesta directa.

"Me gustaría conocer la experiencia más interesante que has tenido hoy, en el trabajo (o en esta semana)".

"¿Cuándo durante esta semana te has sentido, enojado, emocionado, contento o de cualquier forma, te has preguntado qué lo causó?"

"Yo siento que hay una porción de ti que yo no conozco. ¿Si yo tuviese que describir cómo tú te sientes sobre tu trabajo, qué podría decir?"

"Tal parece que te gusta tallar en madera. ¿Qué es lo que más te gusta de eso?"

Al hacer este tipo de preguntas fuertes y provocadoras sobre temas bastantes cómodos para él —como el trabajo, entretenimiento, niñez— ¿le hace a él más fácil el comunicarse? Estas preguntas varían a cómo se sienta su cónyuge cuando usted las haga. En ocasiones es más fácil hacer una pregunta concreta primero y luego llevarlo a decir cómo se siente sobre el asunto. La mayoría de los esposos encuentran más fácil el describir hechos sobre el trabajo. Pero toma tiempo el discutir el gozo, frustraciones o aburrimiento de su trabajo.

Una esposa le preguntó a su esposo: "Cariño, tú sabes que yo disfruto cuando escucho más detalles y sentimientos tuyos. A menudo parece que titubeas para hablar conmigo de ellos. ¿Habrá algo de lo que yo hago que te dificulta el compartir estas cosas conmigo?"

Otra esposa fue más directa: "John, tú sabes que a mí me gusta escuchar los detalles, y tus sentimientos, saber cómo eres. Yo necesito esto, y las ocasiones en que has compartido conmigo, han sido maravillosas. Tienes tanta facilidad de palabra y tanta profundidad. Probablemente piensas que te estoy presionando, o molestando, para que compartas conmigo.

Yo sé que a ti no te gusta cuando caigo en esa actitud. Yo deseo que sepas que no estoy tratando de molestarte. Pero yo apreciaría el que compartieras más conmigo".

Desarrolle una atmósfera de confianza para que él eventualmente pueda expresar toda la gama de sentimientos que se levantan dentro de él. Si tú le preguntas a tu esposo, cómo se siente sobre su trabajo y él dice que lo odia y que desea renunciar, tus propios sentimientos de inseguridad pueden causar que le respondas, "¡No puedes! ¡Piensa en nosotros y en nuestros hijos!" Y su esposo no será tan franco con usted de nuevo. Usted no tiene que estar de acuerdo con sus sentimientos; la meta no es algo para discutir, sino para establecer una comunicación y por consecuencia intimidad.

Déle las gracias por haber compartido. Deje que su esposo sepa lo mucho que significa para usted y pregúntele si hay algo que usted puede hacer, para ayudarle. Antes de que él salga hacia el trabajo en la mañana, pregúntele por lo que quiere que usted ore, refiriéndose a él durante ese día. Esto te da algo específico para poder hablar al final del día.

A menudo el mirar una película juntos, puede abrir el área emocional de una persona. Una película puede hacer resaltar sentimientos en una persona, que de otra forma estarían reprimidos. Las emociones traídas a la superficie, a través de una película, parece algo "seguro" porque en un sentido éstas no son "reales". El discutir sobre la película más tarde, usando preguntas objetivas y sentimentales, puede llevarles a una discusión única.

¿Cuál es la respuesta a algunas de las quejas y preocupaciones que los hombres y las mujeres traen sobre su compañero/a? La respuesta es, *ajuste, cambio* y *esfuerzo* cualquier cambio que ocurra.

Miremos una vez más algunos de los temas de la lista original sobre las diferencias entre el varón/hembra. Pero note los cambios que son más agudos. Algunas de las declaraciones han sido combinadas.

1. Los hombres y las mujeres puede que sean un poco diferentes en la forma que se comunican y relacionan hacia

los demás. Estas diferencias, si son fuertes, pueden ser complementadas y pueden cambiar.

2. Ambos, el hombre y la mujer piensan y sienten internamente. Los hombres tienden a verbalizar sus pensamientos e ideas, mientras que las mujeres tienden a expresar emociones y sentimientos más que los hombres.

3. El lenguaje hablado y escuchado, para algunos hombres y mujeres pueden que sean una experiencia emocional o una experiencia mental. ¿Pero cómo saber la diferencia? usted realmente no lo sabe, a menos que haga preguntas y lo discuta con su cónyuge. ¿Qué tal usted? ¿Qué tipo de experiencia es para usted? ¿Ha compartido esto con su cónyuge?

4. Los hombres y las mujeres puede que tengan la tendencia de tomar lo dicho de forma personal o impersonal. Puede que usted no lo sepa, porque ellos lo mantengan oculto dentro de sí mismos. Si usted piensa que su compañero tiende a tomar las situaciones o declaraciones de forma personal, averígüelo con él —pregunte y discuta. Si él toma las cosas de forma personal, podría ser por algo que usted ha dicho.

5. En cosas materiales o espirituales, varía con el individuo si él/ella está más preocupada con el final o con el proceso de llegar al final.

6. ¿Serán los hombres como los gabinetes de archivos y las mujeres como computadoras? ¿Pudiera ser que la diferencia es realmente en cuanto a cómo nosotros nos expresamos? De la forma que lidiamos con los problemas, puede que sea la consecuencia de dos factores importantes discutidos anteriormente en este libro: cómo se solucionan los temas pasados, y la forma en que nos hablamos a nosotros mismos.

7. Para muchas mujeres, su casa es una extensión de su personalidad, pero también lo es su trabajo. Para la mayoría de los hombres su trabajo no es solamente una extensión de su personalidad pero la fuente de su identidad.

8. Todos los hombres y mujeres tienen una necesidad de seguridad y raíces. Quizás las mujeres expresan más esta necesidad. Para muchas amas de casa, sus hogares son la fuente de seguridad y de raíces. Los hombres pueden parecer

nómadas, si ocurre un cambio de trabajo, porque sus trabajos significan mucho para ellos. Sin embargo para otra persona, pareciera no importarle sus raíces en el hogar y la familia. Muchos hombres dicen que el hecho de que ellos amen y cuiden de su familia, es la razón por la cual ellos quieren estar a la cabeza en sus trabajos y aspirar a mejores oportunidades.

9. Ambos, los hombres y las mujeres, tienen una amplia variedad de emociones disponibles en ellos. Algunos individuos se atan a experimentar una emoción más que otras, porque ellos refuerzan su incidencia. Una persona se acostumbra a expresar enojo, temor, o tristeza.

10. Las mujeres no siempre están cambiando y los hombres no son el sexo estable por excelencia. Ambos pueden tener estas características. A menudo queremos evaluar a las personas en base a sus expresiones verbales y somos guiados a tener una visión estereotipada de ellas. Aquellas que son impulsivas con poco control interno —lo mismo hombres que mujeres— se envuelven fácilmente.

11. Tenemos la tendencia de recordar lo que es más importante para nosotros. Algunos eventos y cosas mantienen mayor significado que otros. Si podemos recordar detalles en el trabajo, también podemos aprender a recordar detalles en la casa o de forma social si es que escogemos hacerlo así. Hay también ocasiones cuando los detalles sobre un evento, no son tan importantes para nosotros, ¡y eso está bien! Necesitamos discutir el por qué algunos detalles son tan importantes para una persona, de manera que podamos entender su perspectiva. La distorsión ocurre porque un tema o evento no es tan importante para el que habla o el que escucha. Puede que nosotros no hemos estado escuchando, no entendemos nuestro pasado, o nuestra conversación interior está interfiriendo con nuestra comunicación corriente.

¿Qué piensa?

1. Escriba un párrafo, describiendo cómo se comunicaba su mamá, cómo se comunicaba su papá, y en qué forma usted se parece a ellos.

2. Pídale a su cónyuge que le describa cómo usted se comunica.

3. ¿Qué cambios específicos hará usted esta semana en su comunicación con su cónyuge?

Notas

1. David Smith, *The Friendless American Male* (Ventura, CA: Regal Books, 1983), página 37.

2. Ibid., página 43.

3. Warren Farrell, *The Liberated Man* (New York: Random House, Inc., 1974).

4. Ross Campbell, How to Really Love Your Child (Wheaton, IL: Scripture Press Publications, 1977), páginas 19-20.

5. Farrell, *The Liberated Man*, páginas 328-329.

6. Herb Goldberg, *The Hazards of Being Male* (New York: The New American Library, 1975), página 39.

7. Smith, *Friendless American Male, página 48.*

CAPITULO OCHO

¿DESEA USTED REALMENTE QUE SU ESPOSO CAMBIE?

Nosotros somos criaturas extrañas. Por años buscamos la persona correcta para que sea nuestra pareja —alguien que sea atractivo, amoroso, considerado, y todas esas otras cualidades que consideramos importante. Al fin encontramos la persona correcta y nos apresuramos a hacer el nudo. ¿Entonces, nos quedamos satisfecho? No realmente. Nuestras tendencias reformadoras, muy pronto emergen y las luchas comienzan. Nuestra pareja puede que no *desee* cambiar, y si conociéramos la verdad, ¡a él o ella le gustaría que *nosotros* también cambiásemos![1]

¿Seremos acaso anormales al desear cambiar a otra persona? ¿Acaso todas las parejas desean cambiar sus relaciones y a su compañero? Sí, es una realidad. El deseo del cambio es una reacción natural cuando estamos comprometidos con otra persona. Muy a menudos las parejas no se dan cuenta que el desear que haya cambio en cada uno de ellos es un acto de cariño.

La pregunta que se presenta delante de nosotros es sin embargo: ¿Estoy dispuesto a cambiar tanto como deseo que cambie mi compañero? Quizás Dios le está pidiendo a *usted* que sea él, el que tome la iniciativa como ejemplo para otros, para su propio beneficio y para la gloria de Dios. Vea lo que la Escritura dice a cada uno de nosotros. ¡Somos llamados a ser personas que cambian! "No que ya *lo* haya alcanzado o que ya haya llegado a ser perfecto, sino que sigo adelante, a fin de poder alcanzar aquello para lo cual también fui alcanzado por Cristo Jesús. Hermanos, yo mismo no considero haber*lo* ya alcanzado [todavía]; pero una cosa *hago*: olvidando lo que *queda* atrás y extendiéndome a lo que *está* delante, prosigo hacia la meta, para *obtener* el premio del supremo llamamiento de Dios en Cristo Jesús" (Filipenses 3:12-14 BLA).

"Desead como niños recién nacidos, la leche pura de la palabra, para que por ella crezcáis para salvación (1 Pedro 2:2, BLA).

¿Pero qué tal el tratar de cambiar a otros? ¿No es eso una equivocación? ¿No será acaso esto falta de ética o egoísta el esperar que otra persona cambie sus acciones y actitudes? Muy a menudo nosotros adoptamos una actitud donde nos queremos lavar las manos y asumimos una actitud de espiritualidad. Decimos, "yo aceptaré a mi cónyuge exactamente como él o ella es y no haré ningún intento de cambiarle". O, "yo sólo deseo cambiar nuestras relaciones, no a la otra persona". Si usted toma esta actitud, entonces, ¡por qué usted lee libros sobre matrimonio y la comunicación, como este! Nuestro deseo de cambiar se ve en la vasta multitud de libros de matrimonio publicados en la última década. ¡Mira a los millares de personas que asisten a los seminarios de enriquecimiento matrimonial! ¿Si las personas no desearan cambiar ellas mismas y a sus compañeros, para qué invertir todo este dinero, tiempo, y energía? "Pero yo solamente deseo *mejorar* mi matrimonio", puede que usted conteste. Eso está bien, pero las mejoras requieren cambios de parte de alguien.

Así que, ¿cúal es nuestra respuesta como una persona casada? ¿Estar ciegos y aceptar a nuestro cónyuge y nuestro matrimonio de la forma en que se encuentra? ¿O pudiera Dios usarnos como un factor positivo para traer cambios en medio nuestro?

Nosotros hemos sido llamados para ser capacitadores o animadores. ¿Pudiera ser que el deseo de traer cambio le haga llenar el papel de ser un capacitado o animador? *Si nosotros fuéramos a evaluar el deseo de cambio a la luz de las Escrituras, ¿sería posible que descubriésemos que este cambio, el cual estamos llamados a hacer, sea de la Palabra de Dios?*

¿Qué es lo que usted desea cambiar en sus relaciones? ¿Será algo específico o algo general? ¿Será una actitud o un comportamiento? Usualmente deseamos que nuestro cónyuge cambie su actitud. Sin embargo, es más fácil para las personas el cambiar sus comportamientos, que el cambiar sus actitudes. Si un cambio realmente ocurre, todo lo que usted verá será un cambio en el comportamiento. Ese cambio en el comportamiento puede que refleje un cambio genuino en la actitud, o puede que no.

¿Qué sucede cuando nosotros honestamente deseamos cambiar, pero ugarsentimos que no debiéramos o que no podemos hacer nada para que esto suceda? Aprendemos a tolerar el problema. Pero hay un precio para esa tolerancia. Muy a menudo no anticipamos este precio y sus consecuencias sobre nuestras propias vidas y relaciones. Hay varias formas de tolerar, algunas activas y otras pasivas.

TOLERANCIA PASIVA

Hay dos formas pasivas de tolerancia —resignación y martirio.

Resignación: "Me doy por vencido", dice . "Simplemente tengo que aceptar el hecho de que siempre va a dejar su ropa regada por toda la casa. Yo no he encontrado ninguna forma de cambiar su hábito de desorden, y ahora otras personas me están diciendo que yo necesito aceptarlo así como es él. Tendré que aprender a vivir con esta situación, estar siempre recogiendo todo lo que mi esposo deja fuera de lugar".

La aceptación que vemos se deriva de un sentimiento de impotencia. "Estoy acorralada y mejor es que aprenda a vivir así". Cuando nos resignamos a aceptar el comportamiento indeseable de otra persona, estamos admitiendo que no tenemos ningún poder en el asunto. Pronto esto comienza a minar nuestra estima. Y cuando comienzas a pensar poco de ti mismo, ¿cómo crees que eso pueda afectar la imagen que tienes de tu propio cónyuge? ¡Exacto! Comienzas a pensar, también, menos de él o ella. Comienzas a sentir menos por la persona y puede que también comiences a retraerte. La resignación puede ser destructiva en una relación. Pronto comenzarás a sentir un sentido de pérdida por eso que pudo haber sido esta relación.

Martirio: El mártir acepta el comportamiento de lo que él piensa que no puede cambiar. Pero él usa esta aceptación para demostrarle a otros lo bueno que *él* es. Con frecuencia le recuerda a su pareja (y a otras personas también) del sacrifico que él está haciendo en aguantar el comportamiento de su pareja. Esto se vuelve un área irritable en las relaciones y la pareja aprende a ignorar al mártir. El mártir se va retrayendo a cambio y con el tiempo comienza a dudar de la relación misma.

TOLERANCIA ACTIVA

Hay también dos formas de reaccionar activamente frente a nuestra incapacidad de producir un cambio.

Venganza: Proclamamos "la venganza es mía" en formas pequeñas e insignificantes que puede que vayan desapercibidas al comienzo. Un cónyuge que es firmemente controlado y dominado por su compañero/a, puede que comience a mentir sobre sus actividades cuando está solo/a. Un cónyuge que está restringido financieramente por la economía del otro compañero/a puede que use secretamente algo del dinero del presupuesto para su uso personal. Otras reacciones son más obvias y francamente más directas. La venganza es una reacción sutil en contra de nuestro cónyuge y nuestro matrimonio. Nace de nuestro enojo por causa de no poder cambiar la relación. Pero la venganza es contraproducente. ¿Traerá a cabo el cambio que deseamos? ¿Nos acercará más a nuestro cónyuge? No lo creo. Nuestras expresiones de venganza puede que produzcan la misma reacción en nuestro cónyuge.

Aislamiento: Esto es una declaración de que "¡si yo no puedo cambiarte, entonces yo escojo no envolverme contigo en lo absoluto!" Hay grados de aislamiento, desde el más extremo que es el divorcio o el vivir separados, hasta el vivir juntos como "un matrimonio de solteros" compartiendo solamente la misma casa. El cuidado, amor y compromiso, se convierten en extranjeros en la tierra de querer hacer el bien por los demás. Las parejas pagan un precio alto de dolor emocional en el "aislamiento dentro de la relación". El retraerse es una opción costosa.

¿Qué piensa?

A continuación hay una lista de las cuatro tolerancias típicas que acabamos de discutir. Recuerde el hogar en el que usted ha sido criado. Indique cuáles de estos (si hay alguno) fueron modelo usados en su hogar entre las relaciones de sus padres. Luego indique el resultado.

Tolerando las reacciones   *Resultados*
1. Resignación

2. Martirio

3. Venganza

4. Aislamiento

Ahora indique qué reacción usted ha usado con su propia pareja en diferente (o quizás la misma) situación. Indique las consecuencias y luego cómo se sintió usted después.

Situación   Cómo toleré   *Consecuencias*   Mis sentimientos

¿Cómo usted reacciona, cuando no ocurren cambios?

¿Cuáles son algunas de las razones por las cuales usted desea que la otra persona cambie? Las usuales son: "No me gusta lo que él/ella hace". "Crea más trabajo para mí". "Es por su propio bien". "Tengo que terminar el trabajo que sus padres no terminaron". "Yo sólo deseo mejorar nuestras relaciones".

¿Son realmente estas las razones? No, no lo son. ¿Será el cambio por el bien de la persona? ¿Serán los cambios realmente por el bien de la relación? ¿O son por el bien *nuestro*? ¿Cuál es la razón?

LAS VERDADERAS RAZONES POR LAS CUALES DESEAMOS CAMBIOS

He aquí algunas de las *verdaderas* razones que están detrás de nuestro deseo por un cambio. ¡Puede que les sorprenda! Detrás de todas estas razones, es nuestra necesidad de ser aceptados, de pertenecer a alguien, de ser amados, de sentir que somos especiales para otra persona.

Buscamos renovación. En ocasiones perdemos los sentimientos de afirmación que teníamos en el comienzo, así que pedimos un cambio en la relación para renovar esos sentimientos positivos que experimentamos en el principio. Deseamos recapturar esos sentimientos buenos sobre nosotros mismos, y deseamos que nuestro cónyuge cambie en alguna forma para que las cosas puedan volver "a ser como lo fueron en una ocasión". Deseamos renovación. La esposa puede que desee recapturar el primer año de matrimonio. "Yo deseo que él tome una tarde libre, una vez en semana, como lo hacía hace veinte años atrás. Nos íbamos a caminar o a montar bicicleta o nos acostábamos en el piso frente a la chimenea y leíamos o hablábamos. Me imagino que deseo que me enamore de nuevo".

Deseamos más. Puede que nos sintamos como que no hemos recibido suficiente afirmación de nuestra propia imagen y deseamos más. Nuestra necesidad de información positiva de los demás, variará de acuerdo a los eventos y circunstancias y nuestro propio desarrollo individual. Cuando deseamos más puede que signifique calidad o un acercamiento diferente. "Mi esposo es atractivo. El me toca, me halaga de vez en cuando, pero a menudo yo le insinúo el halago. Me gustaría que él pensara por sí mismo y creara nuevos halagos. Yo deseo ser amada y perseguida diez veces más de lo que lo soy ahora. En realidad, ¡me conformaría con un 50 por ciento de aumento! ¡Y no deseo decirle tampoco, cómo hacerlo!"

Necesitamos variedad. Se necesita una nueva expresión de afirmación, si sentimos que nuestro cónyuge no nos valora o nuestra relación se ha convertido en una rutina. Si nuestra pareja se comporta como lo hacía hace años atrás, no es suficiente. Su amor e interés necesita ser expresado en una nueva forma para poder convencernos de la sinceridad de nuestro cónyuge. "Mi esposa es muy cariñosa y afirmativa. Pero ella es también predecible. Me gusta todo lo que ella hace, pero es casi como si ella estuviese programada de cierta forma. Yo deseo algunas sorpresas. Me gustaría que ella me dijese cosas nuevas, que fuese diferente en sus relaciones sexuales también. Me imagino que yo debiera estar satisfecho. Hay tantos hombres que no reciben lo que yo recibo, y sin embargo..."

Deseamos ser visto bajo una luz diferente. También deseamos que nuestra pareja nos afirme por más de un aspecto de lo que somos. Una mujer dijo, "yo deseo ser reconocida no solamente como una ama de casa competente, sino que mi esposo notara que tengo valor como maestra, como alguien que tiene pensamientos creativos, pero tal parece que él no puede notar esto". Nuevas afirmaciones nos hacen sentir aún más valiosos y especiales. Interés por la otra persona y la relación puede que estén conectadas en todas estas otras razones.

Estas son tan sólo cuatro razones por las cuales las personas buscan cambios. Hay otras. Algunas personas muy inseguras, no pueden tolerar diferencias. Otras tienen una necesidad de dominar y tienen que estar en control del cambio.

¿Cómo la ordenanza bíblica de exhortarnos los unos a los otros o de animarse los unos a los otros, aplica en las relaciones matrimoniales? La Palabra de Dios nos da ejemplos de reacciones entre nosotros mismos.

"Cuando él quiso pasar a Acaya, los hermanos lo animaron, y escribieron a los discípulos que lo recibieran; y cuando llegó, ayudó mucho a los que por la gracia habían creído.(Hechos 18:27, BLA).

"Ruego a Evodia y a Síntique, que vivan en armonía en el Señor" (Filipenses 4:2, BLA).

"Que la palabra de Cristo habite en abundancia en vosotros, con toda sabiduría enseñandoos y amonestándoos unos con salmos, himnos y canciones espirituales, cantando a Dios con acción de gracia en vuestros corazones " (Colosenses 3:16, BLA).

"Porque en verdad lo practicais con todos los hermanos que están en toda Macedonia. Pero os instamos, hermanos, a que abundéis en ello más y más" (1 Tesalonicenses 4:10, BLA).

"Por tanto, alentaos los unos a los otros, y edificaos el uno al otro, tal como lo estáis haciendo" (1 Tesalonicenses 5:11, BLA).

¿Quién determina lo que tenemos que exhortar a otra persona a hacer? ¿Quién determina lo que debemos enseñarle a otro o animar a otra persona a hacer?

La palabra *exhortar* en estos pasajes alentar a otra persona a seguir alguna vía de conducta, a que siempre esté mirando hacia el futuro. Exhortándose los unos a los otros es un ministerio que se divide en tres, en el cual el creyente exhorta a otra persona a actuar en términos de aplicar verdades de forma escritural, anima al otro con verdades escriturales y consuela al otro a través de la aplicación de la Escritura. *Animar* es exhortar a seguir o persuadir según se encuentra en el libro de los Hechos 18:27. En 1 Tesalonicenses 5:11 significa el estimular a otro en las obligaciones rutinarias de la vida. ¿Por lo tanto, qué se supone que exhortemos a hacer a otra persona?

Para contestar esto, usted necesita mirar las razones para el cambio. Cuando usted comienza a entender cuáles son realmente sus motivos para desear el cambio, puede que usted descubra que no es realmente necesario que su cónyuge cambie. Quizás sus necesidades pueden ser suplidas en otras formas que le permitan a su compañero el no tener que cambiar. Si usted puede descubrir el por qué usted desea que su cónyuge cambie, puede que descubra qué es lo que usted desea cambiar en su propia vida. La llave es entender sus propios motivos.

¿Qué piensa?

Indique cualquier cambio que a usted le gustaría que su cónyuge hiciese. Seleccione la razón verdadera por la que realmente deseamos el cambio".

Cambios   Razones

UNA ESTRATEGIA PARA EL CAMBIO

Cuando usted le pide a su cónyuge que cambie algún comportamiento que a usted no le gusta, él/ella puede interpretar su proposición de querer esos cambios de una de las siguientes cuatro formas: (1) como un cambio destructivo; (2) como un cambio amenazante; (3) como uno que no tiene efecto sobre él/ella; o (4)como un cambio que le podría ayudar a él/ella a llegar a ser una mejor persona. Así que es importante al pedir el cambio, presentar la sugerencia de tal forma que su cónyuge la vea como una oportunidad de crecimiento. ¿Cómo puede hacerse esto?

Primero que todo, *usted tiene que darle información*. Cada persona tiene una necesidad diferente y capacidad para manejar la información. Para la mayoría de los individuos, mientras más información usted le provea sobre el cambio deseado, menor será la resistencia. ¿Por qué? Porque habrá más oportunidad de que él vea la petición de un cambio como un paso hacia su crecimiento. "John, yo aprecio tu interés en los niños y su educación. Me gustaría que me ayudases en dos áreas con ellos, David necesita tu ayuda con algunos de sus proyectos y yo necesito de tu ayuda para que hables con su maestro. Yo entiendo que esto puede tomarte algún tiempo, pero tus opiniones y conocimientos puede que ayuden a David más que los míos. Si ambos hablamos con el maestro, ambos podremos compartir nuestras ideas y presentarlas ambos, al maestro y a David". La otra persona necesita saber lo que usted espera de él, por qué usted lo espera, y cuál puede que sea el resultado.

El envolver a su compañero. Explorar varias alternativas para el cambio también aminorará la resistencia. Su cónyuge estará menos a la defensiva si él/ella tiene una oportunidad de expresar sus ideas y dar sugerencias. "Jan, tú sabes que hemos podido hablar un poco más en los últimos días sobre cómo organizar mejor la casa y también nuestras dificultades con el horario. Me pregunto si pudiésemos buscar posibles alternativas que funcionen mejor. Esto no quiere decir que vamos a simplemente aceptar las ideas que se compartan, pero sí el tener algunas otras ideas más con la que podamos trabajar. ¿Qué opinas?"

Comience despacio, para que sea más fácil. ¿Es acaso el cambio que se pide abrumador? ¿O usted ha dividido su petición en pequeños segmentos que puedan lograrse? Si es así, puede que tenga una mejor reacción. Si lo que se ha pedido cambia, es por causa de un aumento en la comunicación. Se considera razonable si comienza a compartir por unos quince minutos una noche a la semana. La meta puede llegar a ser unos treinta minutos por noche, cuatro noches a la semana, pero eso es mucho pedir al principio. El tener limpio el garaje y el mantenerlo limpio es una petición típica. Pero el desarrollar un plan pequeño y específico de pasos a seguir para lograrlo durante un período de cuatro meses es algo que puede negociarse.

Intimidad es un factor final. La resistencia es una reacción normal cuando un cónyuge desconfía y teme al otro. ¿Si las motivaciones o las intenciones son dudosas, cómo puede un cambio sugerido ser considerado como algo que no sea dañino? Si la confianza y la intimidad existen, el cónyuge puede que vea la petición como una forma de lograr aun más intimidad en el matrimonio. La esposa quien ha reaccionado favorablemente a las sugerencias anteriores del esposo en cuanto a un cambio, estará abierta si es que:

1. Su esposo reconoce su cambio de forma positiva. El no dice, "Bueno, no durará", o "ya era hora", o "no lo puedo creer".

2. Si él no menciona su cambio o falta frente a otros para abochornarla.

3. Si él está dispuesto a cambiar también.

4. Ella sabe que él la ama, ya sea que ella cambie o no.

5. Ella ve su petición de cambiar como algo que la va a mejorar.

RESISTENCIA AL CAMBIO

¿Por qué nosotros resistimos el cambio? ¿Por qué es difícil el cumplir con la petición de los demás? Muy a menudo las razones que damos son una cubierta a los verdaderos motivos de la resistencia.

Si el cónyuge no responde positivamente a una petición de cambio, su resistencia puede tomar muchas formas. *Algunas personas simplemente dejan de escuchar* como una expresión de su falta de deseo de cambiar. Ellos cortan la conversación, dejan la habitación, o se ocupan haciendo alguna tarea. El hombre puede que se quede tarde en la oficina o la mujer puede que diga que tiene que irse temprano para una cita, y así evitar más discusión.

Por otra parte, algunas personas actúan como que están de acuerdo con la petición, pero *ellos no la siguen* porque no tienen ninguna intención de hacerlo. Esta es una táctica para detener el cambio, ¡y hacer que la persona que está haciendo la petición le deje tranquilo! Pero después de muchas peticiones, sin ninguna consecuencia, el cónyuge comienza a sospechar y se enoja.

O quizás la persona le responda con, "¿Por qué no cambias tú?" una táctica de resistencia que *arroja la petición de regreso a la persona que la hace*. Esto cambia completamente la petición y los resultados probablemente terminen en una discusión.

¿Por qué nos resistimos tanto a cambiar?

Una razón por la que no cambiamos, es porque nos hemos formado hábitos. Cada día mantenemos una rutina bastante predecible. Dentro de nosotros tenemos una selección de reacciones confortables, que hacen que nos sentimos seguros. No tenemos que pensar en ellas o nuevas formas de reaccionar. Pero los hábitos que nos hacen sentirnos seguros, puede que irriten a otros. El hábito es probablemente la forma más usada para resistir. ¿Por qué? Porque da buenos resultados.

¿Ha usado usted alguna vez estas excusas o ha escuchado a alguien usarlas antes?

"Yo siempre lo he hecho de esta forma". "Después de veintiocho años, es muy tarde para cambiar". "¿Por qué cambiar? Yo estoy cómodo. De esta forma trabaja". "¿Cómo sé que la forma nueva es mejor? Yo no tengo que pensar en ella. Yo simplemente la hago".

Quizás usted vive con alguien que es desordenado. La persona: no recoge, no guarda las cosas, no cuelga su ropa cuando regresa del trabajo, no se cambia la ropa y se pone ropa vieja antes de hacer una tarea que sabe se ensuciará, no recoge los periódicos y revista que tira en el piso, no recoge sus platos cuando come. Puede que usted haya tratado de corregir a este individuo con argumentos, ruegos, amenazas, dejando que el reguero se acumule por días o aun semanas, pero nada ha trabajado. Probablemente su pareja estaba acostumbrada, durante su crecimiento, a tener personas que iban tras de él/ella recogiendo. Si este es el caso, quizás él desarrolló la creencia de que él es especial y se merece que le sirvan. Si él había sido tratado de esa forma durante tantos años, y ahora su cónyuge le está diciendo, "recoge tu reguero", el mensaje que él está recibiendo es, "tú no te mereces más el ser atendido". Haciendo de esto un ataque a su estima. La forma en que él piensa de sí mismo ha sido retada. Esta es la verdadera razón por la cual él se resiste. Si él cambia, él tendrá que cambiar alguna percepción que tiene de sí mismo.

Los hábitos pueden ser cambiados. Un hábito de veinticinco años puede cambiar tan rápido como uno de diez años o un año, una vez que la fuente de la resistencia es descubierta. Y el cambio es más fácil de lo que la mayoría de las personas piensan.

Hay otros que reclaman ignorancia como excusa para su resistencia. "Yo no sabía que eso era lo que deseabas"; "Yo no sé cómo hacerlo. ¿Con quién crees que te casaste? ¿Con Superman?" La ignorancia puede ser un arma efectiva, porque pone a la persona que está pidiendo el cambio a la defensiva. El comienza a preguntarse si *dijo* a su pareja, lo que él deseaba o si es que él estaba esperando demasiado.

El control es otra resistencia usada frecuentemente. Si alguien me pide que cambie, puede que no lo complazca por causa de mi temor a perder control. Yo deseo quedarme en control de mí mismo y aun de ti. La resistencia a cambiar viene por causa de lo que ese cambio puede comunicar sobre quién está en control de la situación. No nos gusta que otros determinen cómo debemos de comportarnos. La petición puede que no tenga que ver con control, pero la interpretamos de esa forma.

Incertidumbre o ansiedad es una reacción de resistencia honesta. "¿Cómo este cambio me va a afectar a mí?" "¿Seré capaz?" "¿Las personas reaccionarán conmigo de la misma forma?" "¿Qué tal si no te puedo complacer?" Anticipamos algunas amenazas y temores entrando en el asunto. *Sentimos que nuestra estima está siendo retada, amenazada y esto de nuevo es la llave: Cualquier amenaza percibida a tu estima será resistida. ¿Recibiré aprobación? ¿Me sentiré aún seguro?*

¿Piensa usted que todas sus peticiones de cambio debieran ser recibidas con aplausos instantáneos y sumisión? Si su cónyuge resiste a su petición de cambio, ¿usted se enoja, se abate, se queda perplejo, o se pone testarudo? ¿Puede ver usted algún valor en la resistencia? Probablemente no. Pero considere las posibilidades.

Si sus peticiones son resistidas, quizás esto le haga reflexionar en por qué desea el cambio, cuán intensamente lo desea, y cuán comprometido está a perseguir el cambio. ¿Qué es lo que le dice este nivel de compromiso acerca de sus necesidades en este momento?

Quizás la resistencia le ayude a ser más específico sobre lo que usted desea cambiar. ¿Ha considerado la resistencia de su cónyuge como una forma particular de comunicación? El podría estarle diciendo algo nuevo sobre sí mismo, lo que él valora, qué elementos están envueltos en su estima propia. Si la resistencia de la persona es muy fuerte al cambio, puede que le convenza para intentar otra técnica.

COMO PROMOVER CAMBIOS

¿Cómo podemos motivar a otros a cambiar? Se nos ha dicho por años que no podemos cambiar a los demás, solamente ellos pueden tomar la decisión para estos cambios. Eso es verdad. ¿Pero qué condiciones podemos crear para que otra persona se sienta motivada a cambiar? Veremos las formas principales que se usan para producir un cambio.

Primero, he aquí algunas formas no efectivas pero usadas frecuentemente, para producir un cambio.

La primera de estas es muéstrame tus tácticas: "Si tú me amaras, tu harías...." ¿Alguna vez se le ha pedido que cambie como una demostración de su amor por su pareja? ¿Le ha preguntado alguna vez a su pareja que cambie por esta razón? La respuesta que recibimos o damos frecuentemente es: "¡Si me amaras, no me lo pedirías!"

Lo próximo es que algunos tratan de hacer negocio: "Mira, yo voy a cambiar —, si tú cambias —". Esto es como decir, ¡Tengo una oferta que hacerte!"

Frecuentemente las personas recurren a la demanda: "Más vale que hagas esto o si no, yo voy a...." Esto es un medio muy peligroso y puede salirte el tiro por la culata. También da la impresión de que hay una lucha por el poder.

Por siglos las personas han usado el poder y la fuerza para lograr un cambio. Amenazas, demandas, y recompensas son usadas con frecuencia, incluyendo el dar o retener afectos verbales o físicos, y aun abusos. El poder puede funcionar, pero ¿cuáles son las consecuencias? A ninguno de nosotros nos gusta estar dominado por otra persona.

Otra forma es el hacer que los demás se preocupen, se sientan incómodos, o mal sobre lo que hacen. Si logramos crear un sentimiento de culpa, o ansiedad, pensamos que podemos provocar el cambio. Pero el cambio es frecuentemente no real ni duradero. En lugar de traer el cambio que buscamos, la otra persona puede que se aleje de nosotros. No nos gusta estar alrededor de personas que nos hacen sentir incómodos. Es difícil el desarrollar intimidad entre dos personas cuando lo que se usa como medios de producir cambios, es el poder o la manipulación donde hace que una de las personas se siente incómoda.

Sin embargo hay métodos legítimos y efectivos que pueden ser usados para producir estos cambios. *Un medio es el proveer nueva información* que pueda ayudar a la otra persona a que desee cambiar su comportamiento. Este medio se basa en creer que nuestra pareja examinará nueva información y hará una decisión racional de cambiar. Se espera que la persona descubra que con su comportamiento actual no logrará sus metas con tanta facilidad como si usara el método nuevo. El método de información puede que sea efectivo, pero trabaja muy despacio. La persona tiene que ver claramente las consecuencias de la nueva sugerencia y las formas en que puede ayudar a sus propios sentimientos.

Otro método es llamado, el método de crecimiento. Si la persona puede ver que existe, muy poco, o casi ningún riesgo para él y su imagen, puede que se abra a cambios. "Si yo no tengo nada que perder, puede que trate". ¡La clave es el eliminar riesgos! Significa que la persona necesita estar segura de que su imagen se mantendrá intacta o inclusive mejorará. Esto es ideal. Sin embargo siempre habrá algún grado de riesgo.

De todas las estrategias de cambio *la más íntima es la confianza.* La confianza es el método superior, si es que usted desea producir un cambio. Si usted tiene una base sólida de confianza ya establecida, su petición puede encontrar una respuesta favorable. Si no hay ningún patrón de confianza, puede que tome algún tiempo para que se edifique. Y si la confianza ha sido destruida, puede que nunca más la pueda edificar. Confianza y credibilidad (¡la suya!) están en juego. Para edificar la confianza, y para pedir un cambio basado en esta confianza, requiere que se pida de forma muy simple y trivial al principio. Piense en cuán segura la otra persona se siente en estos momentos. ¿Cuán seguro y confiado tendrá que sentirse antes de que reaccione a su petición?

MEDIOS NEGATIVOS DE CAMBIO

DEMUESTRAME

NEGOCIAR

DEMANDAR

Si su pareja va a cambiar, él tiene que ver que puede confiar en usted y que usted está buscando lo mejor para él. Y lo único que usted puede hacer es *pedir* un cambio. Le pertenece a la otra persona el *decidir* cambiar y él hacerlo. Antes que usted comience, ¿estarán, los cambios que usted está pidiendo, de acuerdo a los patrones de vida establecidos en las Escrituras? ¿O será que los cambios reflejan sus propias inseguridades? Recuerde, "Nosotros tratamos de cambiar a las personas para que se adapten a nuestras ideas de cómo ellos deben ser. Así lo hace también Dios. Sin embargo, esta es una extensión de la similitud entre Dios y nosotros en cuanto a esto. Nuestras ideas de qué debiera hacer la otra persona o de cómo debiera actuar puede que sea una mejora o una condena. Puede que estemos liberando a la otra persona de patrones de comportamientos que están restringiendo su desarrollo, o puede que estemos simplemente moviéndole a otro comportamiento que le ate".[2]

El cambio va a ocurrir si *usted* hace lo siguiente:

1. Examine y aclare sus razones y deseos para el cambio. Examine sus necesidades.

2. Evalúe las peticiones a la luz de la Escritura. ¿Es este un cambio que la Escritura espera que hagamos?

3. Entienda cómo su pareja se ve a sí mismo/a y sobre qué está edificando su estima.

4. Presente a él/ella los cambios de una forma que ayude a la estima.

5. Considere su propia disposición de cambiar. ¿Está usted dispuesto a apoyar a su pareja y animarle, edificarle y fortalecerle? ¿Está usted dispuesto a cambiar y esta disposición es obvia ante los demás? Una respuesta afirmativa a estas preguntas es algo vital.

6. ¡Refuerce, refuerce, y refuerce! Si su pareja ha hecho una petición de cambio, y usted la ignora, o considera que no es de importancia, él/ella se sentirá violado/a, desencantado/a, y regresará a su comportamiento anterior. Todos nosotros necesitamos comentarios y recompensas por haber cambiado. De esa forma nuestra estima queda intacta. Los cambios

son algo frágil y tienen que ser reforzados. Cuando yo *experimento* aceptación de mi persona, por mi nuevo comportamiento, me siento con deseos de hacerla parte integral, de mi estilo de vida. Si no me siento seguro con este nuevo comportamiento, entonces regresaré a la seguridad que me brindaba el antiguo modo de vida. Y las nuevas experiencias y refuerzos tienen que ser fuertes. De otra forma, yo recuerdo mis experiencias antiguas, que son una parte natural de mi vida y no son fácilmente superadas. El refuerzo tiene que venir en el momento en que pueda ser conectado con el nuevo comportamiento. Esto quiere decir, inmediatamente después que ocurre.

7. Sea persistente y paciente. No espere mucho, muy rápido y no se vuelva un derrotista.

¿Qué piensa?

1. Escriba un cambio que le gustaría ver en su relación con su cónyuge.

2. ¿Qué cambios le gustaría que su cónyuge hiciese, y qué cambios estaría dispuesto a hacer usted?

3. ¿De qué forma está unido el comportamiento actual de su cónyuge a su estima?

4. Describa cómo usted presentará su petición para que su compañero se sienta que la misma ayudará a su estima.

Notas

1. Many of the concepts in this chapter came Michael E. McGill, *Changing him, Changing her (New York: Simon & Schuster, 1982).*

2. James G.T. Fairfield, When You Don't Agree (Scottdale, PA: Herald Press, 1977).

CAPITULO NUEVE

EL ENOJO Y LA COMUNICACION

¿Quién hizo que te enojaras? ¡Tú misma! Las situaciones o las otras personas no pueden hacer que usted se enoje. No importa lo que haga su cónyuge, él o ella no pueden hacer que usted se enoje. Usted es el que crea su propio enojo.

El enojo, como las otras emociones, es creado por sus propios pensamientos. Si su cónyuge no llega a cumplir una promesa que le ha hecho, puede que usted se enoje. Su enojo viene como consecuencia de sus pensamientos sobre el significado o de la intención que usted le ha dado al fracaso en la promesa de su cónyuge.

¿QUE CREA EL ENOJO?

Hay muchas formas en las cuales nosotros creamos nuestro propio enojo. Pero no hay duda de que nosotros creamos nuestro propio enojo. Puede que juzguemos a nuestro compañero de alguna forma por lo que ha hecho o no, al pensar (o inclusive verbalizar): "Tu trúan"; "eres un egoísta", "payaso desconsiderado". Juzguemos a la persona bajo el enojo por causa de algo que él/ella ha hecho. Pero al hacer esto la destrozamos. Sus puntos buenos ya no cuentan. Lo único que usted ve es este evento y cualquier otro similar a éste, cubre las demás cosas, que usted ama de él/ella.

En ocasiones nos enojamos cuando nuestra estima es amenazada. Quizás su cónyuge le insultó o criticó. Puede que no se sienta amado o querido y ese sentimiento le provoca enojo.

El enojo puede también ser generado al leer la mente. En su mente usted crea sus propias razones del por qué su cónyuge hizo lo que él/ella hizo y usted proyecta esas razones en él.

"Así es su naturaleza malvada. El es igual que su padre".

"Ella sólo quiere discutir por diversión".

"Una persona que actúa así no puede tener ningún amor o compasión".

Pero la lectura de mente nunca funciona. Usted no puede saber a ciencias ciertas los pensamientos y motivaciones de otra persona. La lectura de mente sólo crea conflictos adicionales.

Las declaraciones poco apropiadas de que debieras o no debieras, son material altamente inflamable para su enojo. Cada vez que usted dice, "mi cónyuge no debiera (o debiera) haber hecho eso" usted crea el escenario para el enojo. Lo que usted está haciendo es interpretar una situación de una forma en particular y diciendo que debiera haber sido diferente. Cuando usted insiste en retener los "debieras", usted se mantiene con úlceras y alterado. Hubiera sido agradable si la otra persona hubiese actuado como usted deseaba, pero no lo hizo. Su enojo no cambiará el pasado y probablemente hará muy poco para alterar el futuro. Considere las próximas dos situaciones:

Situación 1: La casa es un desorden. Especialmente la cocina. La esposa de John se ha ido y él decide que va a sorprender a su esposa limpiando la sala, el cuarto de recreo, y la cocina. El pasa la aspiradora, barre, quita el polvo y friega los platos durante dos horas. "Espera a que ella vea esto. ¡Qué sorpresa se va a llevar! Se va a desvivir de agradecimiento". Al menos él espera esto.

Un rato más tarde, su esposa Janice llega a casa con paquetes de alimento y ropa. Ella entra en la casa tambaleándose y suelta los paquetes en la sala.

"¿John, podrías traerme algunos de los paquetes de comida, por favor? Hay tantos, y yo estoy extenuada. Deja que veas los maravillosos precios que encontré, de ropas, en la tienda Penney's. Y a que no adivinas a quién vi..."

Así continúa por la próxima hora. Janice nunca menciona una palabra sobre lo limpia que están las habitaciones. Y luego de su alborotosa entrada, la casa luce como si hubiese pasado un huracán por ella. Ya para este momento, John se está calentando lentamente. Su enojo ha llegado al punto de arder. ¿Será el comportamiento de ella lo que crea el enojo de John? ¿Acaso son sus propios pensamientos? Entremos a su mente para ver lo que él está pensando.

"Ella debió haber notado todo el trabajo que yo hice para ella". "Ella debió haberme dado las gracias".

"Ella no debió haber sido tan insensible y desconsiderada". "Qué manera tan mala de tratarme".

"Ella no debió haber regado esta habitación".

"¡Espera a ver, cuando ella desee que le ayude! ¡Ni pensarlo!"

Los pensamiento de John le están haciendo sentir herido y enojado. El *pudo* haber pensado:

"Desearía que ella notara el trabajo que hice".

"Quizás yo lo hice pensando en mí y lo que iba a recibir, en vez de hacerlo simplemente por ayudarla".

"Yo puedo quedarme sin que ella lo note. Y si no puedo, entonces le preguntaré si ha notado algo. Puedo dejarle saber, que puedo comprender mejor lo que significa trabajar en la casa".

"La próxima vez voy a encontrar una forma creativa para dejarle saber que ya su trabajo ha sido hecho".

Esta serie de pensamientos son mucho más elásticos y menos cargados de emociones. Al cambiar los "debiera" con "yo desearía" o "sería bueno si..", nos ayudará a usar nuestras mentes para controlar nuestras emociones y así poder mantener la habilidad de razonar.

Situación 2: Curt estaba frustrado cuando llegó a recibir consejería. El estaba lívido de enojo con su esposa. "Seguro que estoy enojado", me dijo, "y tengo derecho de estarlo. Si usted tuviese que vivir con esa mujer tan hipócrita, también se enojaría. O, ella es una artista. Ella responde con amor, gentileza, paciencia, y es justa con todo el mundo. ¡Pero en la casa, es exactamente lo opuesto! Todos en la iglesia la ven como una santa! ¡Ah! En casa, ella está constantemente con los puños cerrados, quejándose, atropellándome, comparándome con los demás. Si en mí hay alguna falta que encontrar, ella la encuentra. Ella me hace la vida miserable y estoy cansado de esto. Y no me diga, que no tengo derecho a estar enojado. ¡Estoy listo para abandonarla!"

Curt esperaba muchas cosas de Susan, las cuales (desde su punto de vista) ella no las hacía.

Mientras hablamos, descubrimos, que Curt no solamente tenía sus expectativas, sino que también sentía que tenía el derecho de demandar que ella cumpliese con esas expectativas. Curt se estaba diciendo a sí mismo que:

1. Está mal y es terrible, ser tratado por mi esposa de esta manera, especialmente cuando ella demuestra amor cristiano a los demás.

2. Estoy correcto al demandar que ella me trate de forma diferente a como lo está haciendo.

3. Ya que es mi esposa, ella me debe amor y una actitud sumisa.

4. Ella es muy mala al tratarme de esta forma.

5. Ella debiera cambiar sus reacciones conmigo.

La conversación de Curt y sus expectativas fueron creando el enojo. A medida que continuamos explorando sus sentimientos, descubrimos que él sentía que estaba malgastando su vida con Susan y que él no estaba seguro de que ella cambiaría. El creía que (la mayoría del tiempo) él era amoroso, bondadoso, y considerado con Susan, y por lo tanto ella debería responder de la misma forma.

Curt tenía tres causas de su enojo: (1) expectativas; (2) una lista de debiera y tiene, para Susan; (3) un patrón de conversación interna que alimentaba su enojo.

¿Qué piensa?

1. Si estuviese aconsejando a Curt, ¿qué sugerencia le daría para él poder lidiar con las tres causas mencionadas anteriormente?

2.¿Qué nuevas preguntas le pediría que se hiciese en su mente, que le pudieran ayudar con su enojo?

El *Diccionario de Herencia Americana* describe el enojo como un fuerte desagrado, usualmente temporal, pero no especifica la forma de expresarlo. Usted puede estar tan enojado mientras guarda silencio como cuando le está gritando a otra persona.

Las palabras *cólera* y *furia* son usadas para describir emociones intensas, sin control y explosivas. La furia es considerada como destructiva, pero la cólera puede ser considerada como justificada bajo ciertas circunstancias.

Otra palabra para enojo es *ira* —enojo ferviente que persigue venganza o castigo. *Resentimiento* se usa usualmente para dar a entender enojo reprimido traído por un sentido de agravio. La *indignación* es un sentimiento que es el resultado de ver el maltrato hacia algo o alguien que es muy querido para usted.

Una definición simple de enojo es "un fuerte sentimiento de irritación o desagrado".

¿Qué puede hacer con su enojo? Hay varios pasos que puede tomar para aminorar su enojo y reducir la tensión interior.

Identifique la causa. Su enojo es un síntoma, la punta de un témpano de hielo. Los pensamientos acentuados u otros sentimientos van creando su sentido de irritación.

1. ¿Qué son sus pensamientos? ¿Está juzgando a su esposa? ¿Está tratando de leerle la mente? ¿Está usted operando en base de "debieras" o "no debieras"?

2. ¿Se siente herido sobre alguna situación?

3. ¿Tiene temor de algo? Identifique sus temores.

4. ¿En qué se siente frustrado? La frustración es una de las mayores causas de enojo. Si usted está frustrado, usted probablemente tiene algún asunto sin concluir y expectativas —probablemente sin hablar.

Evalúe las razones para su enojo. ¿Es su enojo dirigido hacia su compañero porque él hizo algo intencionalmente y a sabiendas le hirió u ofendió? ¿Cómo sabe que fue intencional?

Escriba sus respuestas a estas preguntas: ¿Para qué es bueno o beneficioso su enojo? ¿Le va a ayudar a edificar su relación o a alcanzar la meta que usted desea?

Vea Nehemías 5:6-7. Para reducir su enojo usted necesita practicar lo que Nehemías 5:6-7 dice. Entonces me enojé, en gran manera cuando oí su clamor y estas palabras. Se rebeló mi corazón dentro de mí y contendí con los nobles y con los oficiales, y les dije: Estáis cobrando usura cada uno a su hermano. Y congregué contra ellos una asamblea (BLA).

Una forma de "consultar consigo mismo" es el hacer una lista de las ventajas y desventajas de los sentimientos y acciones de las formas del enojo. Considere a corto plazo y a largo plazo las consecuencias del enojo. Mire sobre la lista y decida cuál es la mejor dirección a tomar. *Otro método es el identificar los pensamientos acalorados y reemplazarlos con pensamientos agradables.* Los pensamientos acalorados son los pensamientos que producen enojo. David Burns describe una situación en la cual una pareja tuvo desacuerdos con la hija del esposo de un matrimonio anterior. Sue, la esposa, sintió que Sandy, la hija, era una manipuladora y que había guiado a John a su antojo. No importaba lo que Sue sugiriera, él la ignoraba. A medida que Sue le fue presionando, John se fue aislando. Sue se sintió más y más incómoda y enojada. Entonces hizo una lista de sus pensamientos acalorados y los substituyó con pensamientos agradables o calmados.

Pensamientos airados	Pensamientos agradables
1. ¡Cómo se atreve a no escucharme!	1. Fácilmente. El no está obligado a hacer todas las cosas a mi forma. Además él me está escuchando, pero está a la defensiva porque yo estoy empujando mucho.
2. Sandy miente. Ella dice que está trabajando, pero no es así. Entonces ella espera que John la ayude.	2. Es su naturaleza mentir y ser vaga y el usar a las personas para no trabajar ni estudiar. Ella odia el trabajo. Ese es el problema.

3. John no tiene mucho tiempo libre, y si lo usa ayudándole a ella, yo me tendré que quedar sola y cuidar de mí y mis hijos.

3. Y qué. A mí me gusta estar sola. Yo soy capaz de cuidar de mí y de mi niños. Yo no estoy desamparada. Yo lo puedo hacer. Quizá él quiera estar más conmigo, si aprendo a no estar molesta todo el tiempo.

4. Sandy me está robando el tiempo que me pertenece.

4. Eso es verdad. Pero yo soy una niña grande. Yo puedo tolerar un poco de tiempo sola. Yo no estaría tan brava si él estuviese trabajando con mis hijos.

5. John es un tonto. Sandy manipula a las personas.

5. El es un niño grande. Si él desea ayudarla, él puede. Quédate fuera del asunto. Ese no es tu problema.

6. ¡No lo soporto!

6. Yo puedo. Esto es temporal. Yo las he pasado peores.[1]

¿Qué piensa?

1. Enumere algunos de los pensamientos acalorados que usted experimenta.

2. Escriba un pensamiento agradable que lo reemplace.

3. ¿Qué es lo que más le enoja?

LO QUE USTED NECESITA SABER SOBRE EL ENOJO

Las Escrituras enseñan una perspectiva balanceada sobre el enojo. Tenemos que estar enojados en ocasiones, pero por las causas correctas. Debemos estar siempre en control de la intensidad y dirección de nuestro enojo. No se supone que nos domine o que se salga de control. La venganza, amargura y resentimiento no deben ser parte de nuestras vidas. Debemos reconocer las causas y nuestra responsabilidad sobre el enojo.

Nunca debemos negar nuestro enojo o reprimirlo, pero sí eliminarlo de una forma saludable.

Lo que sucede afuera, los eventos en nuestro exterior, no nos hacen enojar. Nuestros pensamientos sí, ya sea pensamientos automáticos u otros que escogemos pensar. El entender que usted es responsable de su enojo es para su beneficio. Usted tiene una oportunidad de tomar control de sus pensamientos y sus emociones.

En la mayoría de las situaciones su enojo trabajará en contra suya y no a su favor. Puede paralizarlo y hacer de usted una persona poco efectiva. El enojo puede limitar su capacidad de descubrir las soluciones creativas. Si no son soluciones reales, al menos usted puede liberarse de ser dominado por la situación y del resentimiento como resultado. ¿Podría el gozo, paz y contentamiento habitar junto con su enojo?

Si usted está enojado con su cónyuge, pudiera ser que usted cree que él/ella está actuando de forma injusta o de mala fe. Mirando a sus expectativas y creencias puede aplacar su enojo. Lo que nosotros juzgamos de mala fe o injusto puede que sea *nuestra* evaluación solamente.

Mucho de su enojo puede que sea su forma de protegerse a sí mismo de lo que usted ve como un ataque contra su estima. Si alguien le critica o está en desacuerdo con usted o no actúa de acuerdo a sus expectativas, su estima propia puede que sea amenazada.

**Los sentimientos embotellados o reprimidos son
como obstruir el escape de vapor en una olla de
presión**

¿Por qué? ¿Por causa de lo que otros han hecho? No. Por causa de sus pensamientos negativos.

Usted y yo tenemos tres opciones para nuestro enojo: (1) lo podemos interiorizar y tragárnoslo, absorbiéndolo como una esponja; (2) lo podemos ventilar; o (3) podemos dejar de crear. Miremos primero lo que sucede cuando nos lo tragamos.

Interiorizando el enojo contra sí mismo hipertensión, presión alta, úlceras, colitis, Joseph Cooke describe lo que le sucedió a él cuando interiorizó su enojo.

El hacer callar nuestros sentimiento nunca paga. En realidad, es algo así como tratar de tapar la salida de aire de una olla de presión. Cuando el vapor está siendo sostenido en un lugar, tratará de salir por otro. Sucede esto, o la caldera le explota en su cara. Y sucede lo mismo con el almacenar los sentimientos. Si muerdes tu enojo, por ejemplo, a menudo sale de otra forma que resulta mucho más difícil de manejar. Se transforma en mal humor, lástima, depresión, o comentarios engañosos, cortantes...

No solamente las emociones contenidas pueden salir en varias formas desagradables y desviadas; sino que ellas también pueden almacenar presión hasta que simplemente explotan. Y cuando esto sucede, alguien casi irremediablemente va a ser herido... Yo recuerdo que durante años y años de mi... vida, yo traté de tener mis emociones bajo control. Una y otra vez, a medida que se almacenaban, yo trabajaba para lograr lo que deseaba que pareciese un cristiano lleno de gracia y de espíritu imperturbable. Eventualmente, yo tenía a casi todo el mundo engañado, y hasta cierta medida a mi propia esposa. Pero todo era un engaño. Yo tenía una apariencia externa agradable; pero por dentro, casi no quedaba nada...

Y bien profundo, casi completamente fuera del alcance de mi mente consciente, una masa de sentimientos se encontraban siendo comprimidos. Ni yo mismo sabía que estaban allí, excepto cuando sus pálidos fantasmas salían a la superficie cada cierto tiempo en varias formas de actitudes y reacciones no satisfactorias. Ellos estaban allí. Y el momento vino cuando todo el asunto explotó en mi cara, con un colapso emocional.

Todas las cosas que habían sido enterradas por tanto tiempo, salieron a la superficie. Francamente, no había sanidad, no había recuperación, no podía construir una nueva vida para mí hasta que todos esos sentimientos fueran puestos en orden, y hasta que aprendiera a conocerle como son, aceptarlos y encontrar alguna forma de expresarlos con honestidad y de forma no destructiva.[2]

El enojo embotellado o reprimido, puede surgir sin ninguna dirección. Cuando lo hace, la persona enojada no tiene que admitir su enojo o tomar responsabilidad por él. Esta expresión sin dirección es usualmente llamada pasividad agresiva. El comportamiento de la persona se puede manifestar de varias formas. El olvidar es algo muy común: "¿Estás *seguro* que me preguntaste?" o "¿Estás *seguro* que esa fue la hora que acordamos?" Si usted es la persona que hace la pregunta, usted comienza a preguntarse y dudar de usted mismo. ¡En realidad, usted ha sido engañado!

El sarcasmo es una forma "elegante" de estar enojado. La persona recibe dos mensajes al mismo tiempo —un cumplido y un insulto. "Luces tan joven que no te reconocí". "Tu nuevo traje es algo radical, pero me gusta".

El llegar tarde es otra experiencia frustrante para la persona a la que el enojo va dirigido. Este comportamiento puede surgir de forma inconsciente la persona está a tiempo para algunos eventos pero tarde para otros.

El comportamiento de agresión pasiva no es saludable porque: (1) puede convertirse en un patrón habitual de comportamiento que puede durar una vida; (2) puede distorsionar la personalidad de una persona; (3) puede interferir con otras relaciones.

Otra opción es el ventilar todo su enojo. Esto puede *ayudarle* a sentirse mejor pero los resultados puede que no sean muy positivos. ¡Y la persona a la que le ventile su enojo de seguro no se sentirá mejor!

Una tercera opción es el dejar de crear su enojo y/o controlar la expresión de su enojo. ¿Cómo? Cambiando su vida de pensamiento.

"Retraso consciente" es un procedimiento que puede ser usado para retener las respuestas de enojo o cualquier respuesta negativa que ha sido generada en la mente. Es posible el editar los pensamiento negativos (que no es lo mismo que negarlos o reprimirlos) para que así usted pueda expresarlos o pueda comportarse en forma positiva. No es una forma hipócrita ni es deshonesto el editar sus pensamientos. Efesios 4:15 declara que debemos hablar la verdad en amor. Una traducción literal de este verso significa que debemos hablar la verdad de tal forma, que nuestra relación sea cimentada en una unión mayor que la anterior. El ser totalmente honesto, el dejar que todo salga a la luz honestamente, no edifica una relación. Al editarla, usted está consciente de sus pensamientos y sentimientos y usted también los está controlando. Está en realidad tomando la energía que produce el enojo y convirtiéndola en algo productivo que edificará la relación.

¿Cómo es posible que edite mis pensamientos cuando me comienzo a enojar? Primero que todo, haga una lista de algunos de los comportamientos de su cónyuge a los cuales reacciona con enojo.

1. Mi cónyuge usualmente llega como quince minutos o veinte tarde. Siempre que pasa esto, yo me enojo.

2. Mi cónyuge frecuentemente gasta más dinero, del presupuesto para los gastos de la casa, del que se supone que debe gastar, y no me dice nada sobre este asunto.

3. Mi cónyuge deja regada, constantemente, su ropas y platos, por toda la casa, y espera que otros lo recojan.

4. A menudo cuando planeo una salida o paseo para los dos (aún con anticipación) mi cónyuge ya ha planeado algo para ese momento y no me lo dice con anticipación.

¿Qué piensa?

1. ¿Cuáles son algunas de las cosas que te enojan? ¿Cómo piensa cuando estas cosas ocurren?

2. ¿Cuál es su conversación interior?

3. ¿Cuáles son algunas de las explicaciones posibles por las que su cónyuge se comporta de esta manera?

4. ¿Es usted culpable del mismo problema o de alguno similar? ¿Ha tratado de ser constructivo y positivo en cualquiera de sus discusiones con su cónyuge sobre este problema? ¿Lo que usted está a punto de decir o hacer, hará que su cónyuge reduzca la probabilidad de repetir el mismo comportamiento?

5. ¿Cuáles son tres declaraciones como alternativas, que usted le pudiera dar a su cónyuge para reemplazar su reacción usual?

Escriba las preguntas anteriores en un papel y llévelas con usted y cuando se sorprenda que va camino del enojo, tome un pequeño descanso y mire su lista.

La Palabra de Dios tiene mucho que decir sobre el enojo y usa un sinnúmero de palabras para describir los tipos de enojo. En el Antiguo Testamento, la palabra para enojo en realidad significa "nasal" o "nariz". En la psicología antigua hebrea, se enseñaba que la nariz era la silla del enojo. La frase "lento para airarse" literalmente significa "de nariz larga". Los sinónimos usados en el Antiguo Testamento para enojo incluye *de humor enfermo* y *cólera* (Ester 1:12) *cólera en desmedida* y *furia* (Amós 1:11), e *indignación* (Jeremías 15:17). Enojo está expresado en el Antiguo Testamento a través de palabras como *venganza,* maldición, *celos, sucio, tembloroso, irse de sí* y *crujir los dientes.*

Varias palabras son usadas, en el Nuevo Testamento, para describir el enojo. Es importante el notar la distinción entre estas palabras. Muchas personas han llegado a la conclusión de que la Escritura se contradice porque en un verso se nos enseña a no enojarnos y en el otro se nos anima a "enojarnos y no pecar". ¿Qué es lo correcto y qué es lo que debemos seguir?

Una de las palabras usadas más a menudo para enojo en el Nuevo Testamento es *thumas* que describe enojo como una conmoción turbulenta o una agitación de sentimientos en ebullición. Este tipo de enojo se desencadena en una explosión repentina. Es una explosión de indignación interna y es similar a un fósforo que se enciende enseguida en una llama pero entonces se quema rápidamente. Este tipo de enojo es mencionado veinte veces (vea el ejemplo de Efesios 4:31 y Gálatas 5:20). Nosotros debemos controlar este tipo de enojo.

Otro tipo de enojo mencionado solamente tres veces en el Nuevo Testamento, y nunca en forma positiva, es *parorgismos.* Este es un enojo que ha sido provocado. Se caracteriza por irritación, exasperación, o resentimiento. "Airaos, pero no pequeis; no se ponga el sol sobre vuestro enojo" (Efesios 4:26, BLA).

"Y añado. ¿Acaso Israel no sabía? En primer lugar Moisés dice: Yo os provocaré a celos con un *pueblo* que no es pueblo con un pueblo sin entendimiento os provocare a ira.(Romanos 10:19, BLA).

ENOJO ACEPTABLE

La palabra más común en el Nuevo Testamento para enojo es *orge*. Se usa cuarenta y cinco veces y significa una actitud más estable y duradera del enojo, que es más lenta en su embestida pero más constante. Este tipo de enojo es similar a los carbones en la parrilla, que se van calentando lentamente hasta ponerse al rojo vivo y entonces se vuelven blancos de calor y mantienen esta temperatura hasta que se termina de cocinar. Esto a menudo incluye venganza.

Hay dos excepciones donde esta palabra se usa y la venganza no está incluida en su significado. En Efesios 4:26 nos enseña a que "no se ponga el sol sobre vuestro enojo". En Marcos 3:5 tenemos evidencias de Jesús mirando a los fariseos "con enojo". En estos dos versos la palabra significa un hábito que mora en la mente, que se levanta bajo ciertas condiciones contra el mal y la injusticia. Este es el tipo de enojo que se le anima a los cristianos a tener, el enojo que no incluye venganza o cólera.

La cólera interfiere con nuestro crecimiento y nuestras relaciones. La cólera produce ataques (verbales y físicos), rabietas, y venganza. Puede destruir a otras personas primero y luego a nosotros mismos.

El resentimiento es una manifestación de derrota. Alimenta la amargura y puede crear reacciones de agresión pasiva. El resentimiento en realidad puede destruirnos y con el tiempo, también a otras personas.

Ya que somos criaturas racionales, podemos escoger cómo reaccionaremos a los eventos externos. En realidad tenemos más control del que nosotros creemos que podemos tener. A menudo, sin embargo, nuestras experiencias pasadas, recuerdos y patrones de respuesta, tienden a estorbarnos al tratar de ejercitar este control, pero nosotros podemos vencer estas influencias.

¿Qué es la indignación y cuál es su lugar en nuestro sistema de reacciones? La indignación crea acciones constructivas para cambiar la injusticia, para protegernos a nosotros y a otros.

En su libro sobre el enojo, Richard Walters compara los efectos de las tres reacciones: cólera, resentimiento e indignación.

La cólera busca el hacer el mal, resentimiento busca esconder el mal, la indignación busca corregir el mal.

La cólera y el resentimiento buscan destruir las personas, la indignación busca destruir el mal.

La cólera y el resentimiento busca venganza, indignación busca justicia.

La cólera es guiada por el egoísmo, el resentimiento es guiado por la cobardía, la indignación es guiada por la misericordia.

La cólera usa la guerra abierta, el resentimiento es un luchador de guerrilla, la indignación es un poderoso defensor de la verdad honesto y sin temor.

La cólera se defiende a ella misma, el resentimiento defiende el status quo, la indignación defiende la otra persona.

La cólera y el resentimiento son prohibidos por la Biblia, la indignación es necesaria.[3]

La cólera destruye los puentes que las personas necesitan para alcanzarse unas a otras, y el resentimiento pone a las personas de forma precipitada detrás de barreras para esconderse de la otra persona y para herirse unas a otras indirectamente. La indignación es constructiva: busca el sanar heridas y unir las personas. Su propósito es reconstruir los puentes y derribar las barreras, sin embargo ella es como la cólera y el resentimiento en cuanto a que el sentimiento de enojo permanece.[4]

La descripción del doctor Walter sobre las características de la indignación es diferente a la cólera y el resentimiento en cuanto a actitud y propósitos. La indignación se concentra en injusticias reales hacia otras personas y/o uno mismo.

Con indignación hay realismo. La energía es ejercida solamente si hay una posibilidad de logros.

Falta de egoísmo es un componente de la indignación. Cuando estamos indignados sobre algo damos o estamos dispuestos a dar, admitimos nuestros errores e incluso soportamos el sufrimiento.

Un elemento adicional es el amor. De un sentido de amor y preocupación por los demás, la indignación sale, es expresada. Una persona que siente indignación es una persona bajo control. El sabe lo que está haciendo y lo que él desea expresar, y sus respuestas son apropiadas. ¿Será esta la forma que tú responde a tu cónyuge cuando estás enojado? Es difícil estar indignado y no lleno de cólera, si no hacemos lo posible por vivir las enseñanzas de la Escritura. Si no hay fruto del Espíritu en nuestras vidas (Gálatas 5), ¿qué lugar encontrará la indignación? Antes que usted exprese su indignación hay dos cosas que usted debe saber: (1) ore por el propósito que usted se ha hecho, su actitud, y sus palabras; (2) escriba lo que le gustaría decir y visualícese, diciéndolo.

Antes de que usted exprese su indignación, perdone a la otra persona. ¡No importa cómo la otra persona responda, en ese momento usted no tiene nada que perder! ¿Por qué? ¡Porque usted no está tratando de ganar!

"¡Qué cosa!", le comenta a su cónyuge. "Cualquier persona con un poco de sentido común hubiera entrado las alfombras y toallas que teníamos afuera colgada secándose, cuando veía que se estaba acercando una tormenta de polvo. ¿Qué está pasando contigo, John? ¿Ya no piensas?

Una mejor forma de reaccionar a este incidente que produce enojo sería decir: "John, dejaste las alfombras y las toallas afuera durante la tormenta de polvo. Me molesta porque me causa trabajo adicional. Me gustaría que la próxima vez que tengamos cualquier tipo de tormenta y yo no esté por los alrededores, tú miraras afuera y entraras cualquier cosa que se pueda dañar".

Hay cuatro razones saludables por la que debemos controlar el enojo.

La primera es que la Palabra de Dios nos dice que tenemos que controlarlo. Note las razones dadas en estos versos.

"No te apresures en tu espíritu a enojarte, porque el enojo se anida en el seno de los necios" (Eclesiastés 7:9, BLA).

"Mejor es el lento para la ira que el poderoso, y el que domina su propio espíritu, que el que toma una ciudad" (Proverbios 16:32, BLA).

"Como ciudad invadida y sin muralla es el hombre que no domina su espíritu" (Proverbios 25:28, BLA).

"El comienzo de la contienda es *como* el soltar de las aguas, deja pues la riña antes de que empiece" (Proverbios 17:14, BLA).

"La discreción del hombre, le hace lento para la ira, y su gloria es; pasar por alto una ofensa" (Proverbios 19:11, BLA).

"Deja la ira, y abandona el furor; no te irrites, sólo harías lo malo" (Salmos 37:8 BLA).

"No te asocies con el hombre iracundo; ni te andes con el hombre violento, no sea que aprendas sus maneras, y tiendas lazo para tu vida" (Proverbios 22:24-25, BLA).

Estos son tan sólo unos cuantos pasajes.

La segunda razón, es el efecto que el enojo tiene en nuestro cuerpo. Nuestros latidos del corazón aumentan, los intestinos y estómagos se ponen tenso, la presión de la sangre aumenta, los pulmones trabajan más duro, nuestras habilidad de pensar disminuye. Un patrón continuo de enojo puede hacer que nuestros cuerpos se desgasten más rápido. Un enojo ahogado puede crear daños irreversibles.

La tercera razón tiene que ver con el compartir el evange-lio. ¿Cómo otros responderán a nuestra fe, si se nos conoce más por nuestro enojo que por nuestro amor?

La última razón para evitar el enojo es porque interfiere con nuestro crecimiento y desarrollo en las relaciones con los demás.

QUE TAL SI MI CONYUGE ESTA BRAVO CONMIGO

"Mi problema mayor", me dijo John mientras se sentaba con suavidad cerca de mí, "es que yo no sé qué hacer o cómo actuar cuando Jean está brava conmigo. Me retraigo, me encierro en mí mismo, o exploto de forma cruel. ¡Ninguna de las estas reacciones solucionan el problema!"

Usted y yo siempre viviremos alrededor de personas que se enojan con nosotros. He aquí algunas sugerencias para lidiar con el enojo de ellas.

1. Déle permiso a la otra persona para que esté enojado con usted. Está bien. Este no es el fin del mundo y usted no puede vivir con eso.

2. No cambie su comportamiento para evitar el enojo de su cónyuge. Si usted está solo y controlado y su cónyuge viene enojado, esa es su responsabilidad, tiene que tratar con ella.

3. No cambie su comportamiento, sólo para mantener a su cónyuge contenta/o. Si la persona grita, vocifera, camina de un lado a otro, brinca, y usted reacciona poniéndose bravo o haciendo lo que él/ella desea que usted haga; está reafirmando este comportamiento. Si él/ella está enojado pero de forma razonable, reaccione defendiendo su punto de vista de una forma cuidadosa y lógica.

4. Pídale a la persona que reaccione de manera razonable. Hágale la sugerencia a su cónyuge, que le explique de nuevo su preocupación original, bajando su voz (él/ella), y que le hable como si se acabasen de conocer.

5. Si su cónyuge está enojado, usted no tiene que enojarse también. Lea de nuevo las Escrituras que enumeramos y

aplíquelas a su vida. Si el enojo interfiere con su comunicación, hay formas que usted puede usar para cambiar el patrón.

Identifique las indicaciones que contribuyen al enojo. Es importante determinar cómo y cuándo usted expresa enojo. ¿Qué es lo que provoca el enojo? ¿Qué hace que el enojo se mantenga? ¿Qué es lo que *usted* hace para crear el enojo y mantenerlo? Enfoque solamente su participación y no ponga ninguna culpa en su compañero.

Una forma de lograr esto es a través del comportamiento diario. Siempre que el enojo ocurre cada cónyuge necesita anotar lo siguiente:

1. Las circunstancias que lo envolvieron en el enojo, como por ejemplo, quién estaba presente, dónde ocurrió, qué lo produjo, etcétera.

2. La forma específica de como usted actuó y lo que dijo.

3. La reacción de la otra persona hacia su comportamiento y lo que usted dijo.

4. La forma en que eventualmente fue resuelto el conflicto.

Establezca reglas a seguir sobre "una pelea justa". (Vea el capítulo sobre comunicación para información sobre reglas a seguir.) Cada uno de ustedes necesitará hacer una decisión firme que les ayudará a seguir estas reglas.

Desarrolle un plan de acción para interrumpir el patrón de conflicto. Este plan debe envolver acción inmediata para librarlo del conflicto. También debiera ser una forma de enfrentarse y manejar el problema más tarde. El interrumpir un conflicto es una aplicación de Nehemías 5:6-7: "Entonces me enojé en gran manera cuando oí su clamor y estas palabras. Se rebeló mi corazón dentro de mí, y contendí con los nobles y con los oficiales, y les dije: Estáis cobrando usura cada uno a su hermano. Y congregué contra ellos una gran asamblea".

Aún la expresión neutral de las frases, "me estoy enojando", "estoy perdiendo el control", "estamos comenzando a discutir", "voy a escribir mis sentimientos", es un paso positivo. Después de escuchar algunas de estas declaraciones, el otro cónyuge puede decir, "gracias por decírmelo". "¿Qué puedo hacer ahora para ayudar?"

Un compromiso de parte de ambos para no gritar o levantar la voz y no actuar bajo el enojo, es esencial. Nosotros llamamos a esto "suspendiendo" el enojo. Acuerden regresar a estos temas cuando haya pasado el enojo. La mayoría de las parejas no están acostumbradas a tomar el tiempo para admitir, escudriñar, y luego manejar su enojo.

Este período de interrupción puede servir para que usted averigüe la causa de su enojo.

David Mace sugiere otras dos maneras de controlar en forma positiva su enojo.

> Esto no quiere decir que usted no tiene el derecho de estar enojado. En una situación apropiada su enojo puede salvarle la vida. El enojo nos capacita para defendernos en situaciones que debemos hacerlo. El enojo descubre comportamientos antisociales en otros. El enojo cambia lo malo en bueno. En un matrimonio amoroso, sin embargo, estas medidas no son necesarias. Mi esposa no es mi enemiga. Ella es mi mejor amiga; y no nos ayuda a ninguno de los dos, si yo la trato como una enemiga. Así que digo, "estoy enojado contigo. Pero yo no estoy contento conmigo por esta situación. Yo no deseo lastimarte, sino acariciarte. Yo más bien no desearía ganarte". Esta renuncia del enojo de un lado prevee la corriente del enojo vengativo del otro, y el resultado tiende a ser que se desvía hacia lo que yo llamo "el duelo de artillería". Si yo presento mi estado de enojo contra mi esposa como un problema que yo tengo, ella no está motivada a reaccionar con enojo. En vez de un reto a pelear, es una invitación a negociar.[5]

Pídale ayuda a su compañero. Este paso es un argumento sin réplica. Sin esto, no se puede progresar mucho. El enojo puede ir disminuyendo, pero eso no es suficiente. Ambos en la pareja, necesitan descubrir por qué uno se enoja con el otro. Si no lo hacen, puede volver a suceder, una y otra vez. Su petición de ayuda no se supone que sea rechazada. Es para mejorar el interés de su compañero a descubrir lo que está sucediendo, y arreglarlo, si es que queremos que la relación amorosa se mantenga. Cuando la petición pidiendo ayuda es aceptada, el estímulo que causa el enojo es completamente neutralizado y las emociones negativas se disuelven. Entonces el trabajo puede comenzar en seguida, si fuese posible, o tomar alguna medida para evitar que suceda en ocasiones futuras. Toda la situación puede ser examinada con calma, y encontrar una solución. En realidad, los conflictos entre las personas casadas, no son realmente destructivos. Si se usa de forma correcta, ellos proveen claves de gran valor que nos demostrarán las áreas de crecimiento en nuestra relaciones —los puntos en los cuales necesitamos trabajar juntos para hacerlos más ricos y profundos.[6]

No le dé cuerda a su cónyuge. Si usted tiene cierto comportamiento que provoca enojo en su cónyuge, debe eliminarlo para que éste no tenga razón de vengarse. Comportamientos menores o incluso defensivos pueden provocar una situación tensa (como apretar el gatillo en una pistola). El dejar la ropa regada en el suelo, la secadora de pelo en el lavamanos, traer una conversación del pasado, arrojar las cazuelas y los platos, son cosas fáciles de cambiar. Si el cónyuge se acuerda y se suscita el abuso, él/ella puede dejar la habitación antes que el abuso ocurra. Al determinar las señales puede que sea beneficioso hablar de algunos de estos episodios, para descubrir las cosas que lo provocan y luego buscar alternativas.

Cambie los patrones de pensamientos defectuosos que afectan la relación. De nuevo surgen los problemas de la expectativa y razones para airarse. Las creencias equivocadas tendrán que ser descubiertas y confrontadas. Algunos temas comunes son:

> "Tú no me vas a amar, si te digo cómo me siento realmente".

"Tú no me vas a amar, si no estoy de acuerdo contigo".

"Es mejor esconder cómo me siento".

"Es mejor fingir y seguirle la corriente".

"Aun cuando doy mi opinión, de todas formas, siempre tú ganas".

"El debiera saber lo que yo necesito".

"Todo enojo es malo, así que no voy a expresar ninguno".

"No me voy a poner a su altura, y enojarme como él lo hace".

Analice y rete a las razones que provocan su enojo y elimine todo intento de leer las mentes.

Redireccione su punto de vista ¿quién está bien o mal? ¿cuáles son las áreas y los comportamientos envueltos y cómo ellos afectan nuestra relación?

EL EFECTO DE LA CULPA

La culpa es una de las cosas que más paraliza una relación. Desanima a la sanidad de las heridas y levanta paredes aun mayores. Cuando una discusión marital ocurre, cada uno de ustedes trata de quitarse su propia culpa. Así que buscan un chivo expiatorio en vez de evaluar su propia participación en el problema. Si usted tiene éxito en echarle la culpa a otro, entonces su propio sentido de responsabilidad es menor. Una persona ataca, la otra contraataca. Eventualmente ambas se convierten en expertos de batallas. Cada uno de ustedes lucha contra el dolor de la autocrítica.

La mayoría de los esposos y las esposas no necesitan pulir sus habilidades de culpar al otro. Más bien, ellos necesitan encontrar nuevas formas de verificar dónde debe ir la culpa.

Hay varios pasos prácticos que usted puede tomar:

1. En vez de culpar o atacar a su cónyuge, comparta su propio dolor interior y sentimientos. El dolor es usualmente de donde viene la culpa.

2. Cuando usted se haya calmado lo suficiente como para compartir sus quejas de una forma constructiva, discuta algunos de los principios de comunicación o soluciones del conflicto.

3. Es difícil en ocasiones, pero muy necesario, el distinguir entre la persona y su comportamiento negativo. Esto elimina el clasificar a la persona como "mala" o "destructiva".

4. Si su cónyuge sugiere que usted tuvo un comportamiento negativo, usted puede hacerle la pregunta, "¿cómo tú reaccionarías si tú supieses que lo sucedido no fue intencional?" Las acusaciones de la persona sugieren que él es más experto de lo que usted cree que es en realidad. Déle una oportunidad para ponerse sus zapatos.

LA ORACION DE UNA PERSONA ENOJADA

Amado Dios, yo oro a ti, por tu sabiduría, por tu amor, por tu poder. Gracias por la vida, con sus alegrías y miserias. Gracias por las emociones —incluyendo el enojo.

Perdóname cuando me dejo guiar por mi enojo en vez de dejarme guiar por ti. Hazme consciente de las cosas que hago que provocan el enojo en otros —ayúdame a cambiar esas cosas. Enséñame cómo limpiar mis ofensas cometidas contra los demás, y dame el valor de pedir perdón.

Ayúdame a poder mirar más allá del enojo de la otra persona y ver tu creación en ellos, y a amarlos. Enséñame a perdonar; y dame la humildad de perdonar con gracia.

Llévame a oponerme a la injusticia y otros males. Muéstrame como canalizar mi energía que de otra forma puede ser desperdiciada en enojo, y usarla de una forma constructiva en tu servicio.

Tú me pides que ministre a las personas a mi alrededor. Ayúdame a entender lo que eso significa. Despiértame. Ayúdame a reconocer que cada momento de mi vida es una oportunidad para que tú amor fluya a través de mí.

Gracias Padre celestial, por tu amor. Gracias por enviar a Cristo para que nosotros pudiéramos tener vida y tenerla con plenitud, y por enviar al Espíritu Santo a consolarnos y guiarnos a través de la incertidumbres y confusión de cada día que vivimos.

En el nombre de Cristo, amén.[7]

¿Qué piensa?

1. ¿Qué cambios específicos deseas hacer con el enojo suyo?

2. Describe el plan que implementará esta semana para producir estos cambios.

3. Regresa a través de este capítulo y enumera los puntos específicos que más le ayudará.

Notas

1. Davis Burns, M.D., *Feeling Good: The New Mood Therapy*(New York: The New American Library, Inc., 1980), página 152.

2. Joseph R. Cooke, *Free for the Taking* (Old Tappan, NJ: Fleming H. Revell Company, 1975) páginas 109-110.

3. Richard P. Walters, *Anger, Yours and Mine and What to Do About It (Grand Rapids: Zondervan Publishing House, 1981), página 17.*

4. Ibid., página 139.

5. David R. Mace, "Marital Intimacy and the Deadly Love-Anger Cycle", Journal of Marriage and Family Counseling, April, 1976, página 136.

6. Ibid.

7. Walters, Anger, páginas 150-151.

CAPITULO DIEZ

MIS PADRES, TUS PADRES, Y NOSOTROS

La comunicación entre el esposo y la esposa es una cosa. ¿Pero qué tal la comunicación entre ustedes y sus padres y los de su cónyuge? ¿Y cómo la relación entre sus suegros/padres, afecta la comunicación matrimonial entre ustedes?

Para este entonces, ya usted se ha dado cuenta de la importancia de las relaciones y experiencias pasadas. La antigua relación con sus padres y la nueva relación con sus suegros tendrán un efecto definitivo en su matrimonio. Las relaciones positivas y saludables con nuestros suegros y padres son posibles. Consideremos algunas de las áreas con un potencial de conflicto o de armonía.

Cada cónyuge trae al matrimonio diferentes costumbres, tradiciones y estilos de vida. En el hogar en el que fuimos criados habían costumbres propias de ese hogar, estilos de comida y costumbres de familia que pueden ser muy diferentes a los de nuestro cónyuge. Podemos creer que la forma en que nuestros padres hicieron las cosas era la correcta. Las tradiciones navideñas son un ejemplo común. El esposo puede haber sido criado en un hogar donde el árbol era decorado la semana antes de Navidad, los regalos eran abiertos en la víspera, y el pavo se comía temprano en la tarde el día de Navidad. La familia de su esposa decoraba el árbol de Navidad la noche antes, abría los regalos la mañana siguiente y se sentaban a comer jamón esa noche.

¿Qué tal con esas tradiciones, ésta-es-la-forma-como-siempre-lo-hemos-hecho, que son parte de nuestro trasfondo y que trae sentimientos incómodos y aun conflictos, si se nos pide que las cambiemos? ¿Quién debe comprometerse? ¿Cuál de las tradiciones familiares, debe ser adoptada? ¿Debe la pareja de recién casados siempre encajar en las tradiciones establecidas por la familia de sus padres? ¿O debieran comenzar a desarrollar la suya? Si usted *siempre* va a casa de los padres de su esposa en Navidad, ¿qué sucedería si usted deseara ir a casa de sus padres o de unos amigos, en vez de lo acostumbrado? ¿Siempre tienen pastel de calabaza en el día de dar Gracias? ¿Qué sucede si usted sugiere un cambio?

¿Quién hace la salsa para la cena del pavo? ¿De quién es la receta que se usa para la salsa? Esto suena a cosas pequeñas pero pueden llegar a ser problemas mayores si son parte de una tradición familiar. ¿Podrá alguien de forma racional sostener que las costumbres de una familia están "correctas" y las de la otra "incorrectas"? ¿Y cómo usted le comunica a sus padres o a sus suegros, de que quiere cambiar algunas tradiciones y comenzar otras nuevas?

Una de las razones principales por las cuales las parejas vienen a consejería es por conflictos con sus suegros. Hay dolor, amarguras, y malos entendidos. A menudo uno de los dos, se siente atrapado entre sus padres y su cónyuge. A veces uno o ambos cónyuges no han abandonado el hogar psicológicamente. ¡Después del matrimonio, sin embargo, la lealtad primaria de la pareja es del uno hacia el otro y no a sus padres!

Hay varios factores que pueden afectar la relación entre la pareja y los suegros.

La edad de la pareja en comparación con la edad de los padres de la pareja, es una posible fuente de conflicto. Una pareja muy joven que no ha roto con su hogar antes de casarse, viviendo en otro sitio o asistiendo a la universidad en otra localización se enfrenta con este ajuste. Al mismo tiempo él/ella se está enfrentando con el ajuste de estar aprendiendo a relacionarse con otra persona en una relación matrimonial.

La mayoría de los padres de las parejas jóvenes son de mediana edad y todavía están envueltos en sus propias carreras y logros. Ellos tienen intereses y recompensas aparte de las de sus hijos casados. Si ellos han ayudado a sus hijos hasta que éstos se covierten en adultos, puede que estén buscando el poder volverle a ayudar aunque ya sus hijos son adultos.

Pero algunos padres *demandan* atención de sus hijos, como porque tienen una entrada económica decadente, pocos intereses externos, enfermedades crónicas, o muy ancianos. Si los padres se divorcian, la relación de ellos con sus hijos mayores puede ser también afectada.

¿Qué piensa?

1. ¿Está usted o sus padres en alguna de estas categorías? Si es así, describa el efecto que ha tenido en usted y en su matrimonio.

2. ¿Cómo han afectado, estas cosas, su comunicación?

3. ¿Qué se necesita hacer para remediar la situación?

El orden de nacimiento de una persona en la familia puede influenciar su relación con sus suegros. Si un cónyuge es el mayor de los hijos en la familia y el otro el menor, esta diferencia puede afectar las relaciones del matrimonio y también lo que esperan sus padres y suegros. Los padres del hijo más joven puede que estén dudosos de dejarlo ir por completo, es su último hijo. Los padres del hijo mayor puede que tengan mayores expectativas de su yerno o nuera.

¿Qué piensa?

1. ¿Dónde se encuentra usted en cuanto al orden de nacimiento de su familia?

2. ¿Cómo afecta esto a su matrimonio?

Las parejas y los padres a menudo tienen expectativas poco realísticas de lo que una relación debiera ser entre ellos. Uno de los padres puede que se imaginaran una relación cercana, continua entre ellos y su nuevo yerno o nuera. Ellos asumen que se reunirán todos los fines de semana, llamaran cada tres días, y disfrutaran juntos todos los días de dar Gracias y

Navidad. Ellos también están seguros de que la joven pareja nunca vivirá a más de cinco millas de distancia de ellos, para que ellos puedan tener contacto constante con sus nietos. Y ellos esperan tener por lo menos cuatro nietos, ¡el primero dentro de los primeros dos años!

¿Pero, qué tal si usted tiene planes diferentes? ¿Qué tal si usted planea tener o no tener ningún hijo, o vivir a 2,000 millas de distancia, y escribirle a sus padres una vez al mes? Estas expectativas necesitan ser discutidas abiertamente lo antes posible.

¿Qué sucede cuando una persona viene de una familia de relaciones cercanas y tiernas y la otra persona no? La última mencionada, puede que no desee establecer relaciones cercanas con sus suegros. O lo opuesto puede suceder. La persona que ha tenido poco o ningún calor, e intimidad en el hogar puede que esté buscando una relación cercana con los suegros. ¡Y la familia que tenía relaciones cercanas puede que desee no tenerlas!

La decisión de una pareja recién casada, de dónde vivir puede influenciar sus relaciones con los suegros. Las parejas que viven con sus padres están sólo aumentando sus conflictos. La pareja joven se sentirá restringida en muchas formas. La esposa, particularmente, se sentirá fuera de lugar en casa de su suegra. Cuando una pareja vive con los padres de uno de los cónyuge, los otros suegros puede que se vuelvan celosos y deseen tener algún "control".

¿Qué tal el estilo de vida y las metas de la pareja y sus padres? Los padres de alta posición, y orientados hacia el trabajo, a menudo tienen gran dificultad para controlarse y no ejercer presión sobre el matrimonio de sus hijos, por tener niveles diferentes de vida. El problema se intensifica si la pareja constantemente critica el nivel de vida de sus padres.

¿Qué diferencias y similitudes ve usted entre su estilo de vida y metas y sus padres y suegros?

Y luego está el área de los abuelos y nietos. Algunos padres esperan ser abuelos y tienen sus propias formas de poner presión a la pareja para que "produzcan". Otros abuelos, resienten ser abuelos, porque les hacen sentir viejos. Si el niño no se parece a los abuelos, no es del sexo que esperaban, o no se comportan de acuerdo a sus expectativas, surgen los conflictos. Una queja frecuente en esta área es la forma en que los abuelos tratan a sus nietos cuando vienen a visitarle. Algunos abuelos los malcrían o los consienten demasiado, haciéndole a los padres mucho más difícil la labor de disciplinarlos cuando éstos regresan a su casa. ¿Y qué si los nietos prefieren a unos abuelos más que a los otros y desean pasar tiempo con ellos y no con los otros?

Todos estos temas afectan la comunicación. Quizás usted está luchando con algunos de estos temas en este momento. O puede que usted esté dando un suspiro de alivio diciendo, "somos afortunados. Nosotros nunca hemos tenido ninguna dificultad". Pero qué sucederá cuando se casen sus propios hijos. ¿Qué tal si ocurren problemas como estos? ¿Qué puede usted hacer ahora para prevenir que surjan estos problemas?

He aquí algunas dificultades típicas de ajustes que pueden ocurrir. ¿Cómo usted se comunicaría con su cónyuge o sus suegros en orden de resolver estos problemas?

Caso 1. El esposo se pasa juzgando y criticando el trabajo que hace su esposa en la casa. El no hace más que referirse a cómo lo hacía su mamá y la usa a ella como un ejemplo a seguir. O la esposa se refiere de continuo a su relación con su padre, como modelo de cómo un padre debe tratar a sus hijos.

Caso 2. Los padres de John constantemente le critican a él y a su esposa. Ellos tienen una opinión para todo, especialmente cómo criar los niños. Estos comentarios no solicitados ya están empezando a crispar los nervios de John y Betty. ¿Cómo podrían ellos enfrentar constructivamente a los padres de John con este problema?

Caso 3. Los padres de Harry demandan en forma manipuladora. Ellos quieren atención y esperan mucho del tiempo de Harry y Tina. Cuando ellos no se salen con la suya, tratan de hacerlos sentir culpables. Veamos una parte de su conversación con Harry. ¿Cómo usted respondería a algunos de estos comentarios?

Mamá: Hola, Harry, es tu mamá.

Harry: Hola, mami, ¿cómo estás hoy?

Mamá: Oh, bien, supongo. (Suspira).

Harry: Bueno, estás bien, ¿pero entonces por qué estás suspirando?

Mamá: Bueno, supongo que no he estado tan bien. De todas formas ¿vienes este fin de semana? Tenía esperanza de verte. Ya sabes que han pasado varias semanas desde que tú y Tina vinieron a vernos.

Harry: Siento oír que no te sientes bien, mami. No, no podremos ir este fin de semana. Hemos planeado hacer otras cosas.

Mamá: Bueno, ¿qué es más importante que ver a tu madre y a tu padre? ¿Ya no somos importante para ti? De veras que nos has descepcionado. Estábamos seguros de que vendrías a vernos, y ya tengo hasta un pavo para cenar. ¿Sabías eso? Sabías que tu hermano y hermana vienen a vernos todo el tiempo. ¡Ni siquiera tenemos que pedírselo! Un buen hijo cristiano desea ver a sus padres a menudo. Si tú de verdad nos amaras y te ocuparas de nosotros, desearías venir.

Caso 4. El esposo dice: "Todos los años tenemos que pasar nuestras vacaciones con los padres de mi esposa. ¡Hemos hecho esto por los últimos ocho años! Y ya no es la experiencia más tranquila. ¿Me siento atrapado, pero qué más podemos hacer? ¡Ellos esperan que vayamos! Me gustaría ir a otra parte del país.

Caso 5. Otro problema común es el de los padres que sienten que ellos tienen que tener contacto con su hijo o hija todos los días. Por ejemplo, una esposa estaba bien molesta por causa de la intromisión maternal de la suegra. Cada día la madre llamaba y preguntaba cómo le iba a su hijo en el trabajo, si estaba ganando o perdiendo peso, si estaba comiendo la comida apropiada, si había dejado de fumar, etcétera. Esto era algo que la suegra necesitaba dejar de hacer (las llamadas telefónicas) para que la esposa se pudiera sentir mejor. ¿Cómo usted manejaría esta situación?

A continuación tenemos algunas formas en que podemos manejar las situaciones que hemos descrito.

Caso 1. Si la forma de cocinar de la esposa (o como lleva la casa, maneja, plancha, etcétera) está siendo comparado con la de su suegra, ella puede decir algo como, "cariño, una de las cosas que de verdad apreciaría y me harían sentir mejor, es que tú me dejes saber cuando algo de lo que yo te cocino, te gusta. Me duele escuchar continuamente, tu comentario de cómo cocina tu mamá. Yo deseo desarrollar mis propias habilidades en la cocina, pero necesito sentir tu apoyo". O el esposo puede decir, "cariño, de veras que apreciaría si me dejaras saber cuando hago algo que a ti te ayuda mientras tú trabajas con los niños. Me desanimo cuando sigo oyendo sobre cómo tu papá hacía esto o aquello, cuando tú eras chiquita". Ambos comentarios contienen elementos específicos y positivos que son las formas apropiadas de compartir una preocupación o queja.

Caso 2.   Este puede ser una situación delicada que la mayoría de nosotros preferiríamos evitar. Tenemos temor de lo que pueda suceder aunque no nos gusta la crítica continua. Estamos preocupados sobre el dolor potencial y el enojo de nuestros padres si les enfrentamos. Recuerde que usted está enfrentándose a ellos porque a usted le interesa y desea una mejor relación. Si usted no se enfrenta a ellos y pide un cambio, lo más probable que sus relaciones mueran. He aquí algunas formas para que usted puede enfrentarlos. "Apreciaría mucho que compartieras algunas cosas positivas que te están sucediendo". "Cuando tengas alguna queja, de verdad apreciaría, me dijeras algo positivo que tú sientes que estamos nosotros haciendo". "Cuando estamos disciplinando a los niños, apreciaría que no hicieses ningún comentario, sobre lo que estamos haciendo, delante de ellos. Yo siempre estoy abierto a sugerencias positivas pero por favor compártelas conmigo más tarde, cuando los niños no estén alrededor".

Caso 3.   He aquí la conversación completa que Harry tuvo con su mamá. Puede que ésta sea una forma completamente diferente a la que usted reaccionaría, pero la persistencia de Harry y sus respuestas sin ser defensivas fueron efectivas.

Mamá: Hola, Harry, es tu mamá.

Harry: Hola, mami, ¿cómo estás hoy?

Mamá: Oh, bien, me supongo. (Suspira).

Harry: Bueno, está bien, ¿pero entonces por qué estás suspirando?

Mamá: Oh, bueno, supongo que no he estado tan bien. De todas formas ¿vienes este fin de semana? Tenía esperanza de verte. Ya sabes que han pasado varias semanas desde que tú y Tina vinieron a vernos.

Harry: Siento oír que no te sientes bien, mami. No, no podremos ir este fin de semana. Tenemos planeado hacer otras cosas. Mamá: Bueno, ¿qué es más importante que ver a tu madre y a tu padre? ¿Ya no somos importante para ti?

Harry: Yo puedo entender que estés decepcionada, pero no podremos ir este fin de semana.

Mamá: De veras que nos has descepcionado. Estábamos seguros de que vendrías a vernos, y ya yo tengo un pavo para cenar. ¿Sabías eso?

Harry: No, mami, no lo sabía.

Mamá: Sabías que tu hermano y hermana vienen a vernos todo el tiempo. ¡Ni siquiera tenemos que pedírselo!

Harry: Eso es verdad, mami. Ellos van más a menudo, y estoy seguro que son muy buena compañía. Nosotros podemos planear estar contigo en otra ocasión con más tiempo.

Mamá: Un buen hijo cristiano desea ver a sus padres a menudo. *Harry:* ¿El que yo no vaya a verte, me hace un mal cristiano?

Mamá: Si tú de verdad nos amaras y te ocuparas de nosotros, desearías venir a vernos.

Harry: ¿El que yo no vaya a verte este fin de semana significa que no te quiero?

Mamá: Me parece que si me quisieras vendrías a verme.

Harry: Mamá, el que yo no vaya a verte, no significa que no me preocupe por los dos. Yo te amo a ti y a papá. Pero no podré llegar en esta ocasión. Estoy seguro que podrás usar el pavo ahora o congelarlo. Déjame verificar con Tina y ver nuestro itinerario para planear cuándo no reuniremos.

Caso 4. Las vacaciones con los suegros pueden ser un problema. Un cónyuge puede llegar a irritarse y puede despedirse muy molesto después de una larga visita en casa de sus suegros. La solución puede ser el buscar una actividad agradable en otro lugar mientras su compañero visita a sus padres solo. Esto puede que parezca contradictorio a lo que las personas han estado enseñando o lo que parece correcto. Pero si una larga estadía no promueve una mejor relación con los suegros y no tiene un efecto positivo sobre el matrimonio, puede que ésta sea la única solución. Yo no estoy sugiriendo que los cónyuges no visiten a sus suegros. Pero muchas parejas han encontrado que la solución es tener visitas esporádicas y por cortos períodos de tiempo. Otra solución posible es el acortar la visita. Si a una persona le gusta visitar sus padres por un mes y el otro se siente incómodo estando allí tanto tiempo, o estando separado de su cónyuge tanto tiempo, ellos pueden llegar a un acuerdo. Hagan la visita por tan sólo dos semanas. Puede que también sea lo mejor, el no visitar a los suegros o a los padres todos los años durante las vacaciones. Esto podría crear una tradición que luego sería difícil de cambiar. También limita sus posibilidades para disfrutar otras experiencias en sus vacaciones.

Caso 5. Contactos frecuentes iniciados por los padres pueden reflejar muchas de las necesidades que ellos tienen: soledad, control, la necesidad de sentir que ellos son necesarios, etcétera. La pareja necesita estar de acuerdo en cuanto al método a seguir para resolver este conflicto en particular. Ellos pudieran llegar a un acuerdo en cuanto a la meta y luego comunicar esa meta a su madre: "Mamá, nosotros disfrutamos cuando te oímos, pero realmente no hay necesidad de que llames todos los días, por qué no arreglamos las llamadas de este manera, si nosotros necesitamos algo, o algo anda mal, te llamaremos enseguida. También nos gustaría que tuvieses la oportunidad de desarrollar otras amistades y no estar dependiendo tanto de nosotros. Tú sabes que siempre estás invitada a cenar con nosotros los domingos. ¿Por qué no planeamos el vernos los domingos y llamarnos solamente los miércoles? De esa forma podremos estar en contacto de forma regular. En caso de emergencia, tú sabes que siempre puedes llamar".

PRINCIPIOS DE LA ESCRITURA

El patrón ideal de cualquier relación se encuentra en la Escritura. En cualquier situación o relación necesitamos visualizar la Palabra de Dios en práctica en nuestras vidas. Comience preguntándose, "¿Cómo yo me veo a mí mismo haciendo lo que este pasaje dice que hagamos?" Entonces visualice varias escenas prácticas. Si usted va a desarrollar relaciones saludables con sus suegros, se tiene que hacer este proceso.

¿Qué piensa?

La Palabra de Dios abunda con ejemplos de cómo debemos vivir en relación con los demás. Considere los siguientes pasajes y aplíquelos a usted y a su familia inmediata. Después de cada pasaje escriba cómo usted se ve a sí mismo respondiéndole a sus suegros o padres.

1. "Sea quitada de vosotros toda amargura, enojo, ira, gritos, maledicencia, así como toda malicia. Sed más bien

AJUSTES TIPICOS DE DIFICULTADES

amables unos con otros, misericordiosos, perdonándoos unos a otros, así como también Dios os perdonó en Cristo"(Efesios 4:31-32, BLA).

2. "Buscad la paz con todos, y la santidad, sin la cual nadie verá al Señor. Mirad bien, de que nadie deje de alcanzar la gracia de Dios; de que ninguna raíz de amargura, brotando, cause dificultades, y por ella muchos sean contaminados" (Hebreos 12:14-15, BLA).

3. "Bienaventurados los que procuran la paz, pues ellos serán llamados hijos de Dios" (Mateo 5:9, BLA).

4. "Si es posible, en cuanto de vosotros dependa, estad en paz con todos los hombres" (Romanos 12:18, BLA).

5. "Yo pues, prisionero del Señor, os ruego que viváis de una manera digna de la vocación con que habéis sido llamados, con toda humildad y mansedumbre, con paciencia soportándoos unos a otros en amor" (Efesios 4:1-2, BLA).

Una de las metas en las relaciones con nuestra familia es la armonía y la unidad. Como personas hagan el hábito de ser abiertas, honestas y sinceras unos con otros, y desarrollen una relación más profunda. Pero esto toma esfuerzo.

Pablo escribió, "haced completo mi gozo, siendo del mismo sentir, conservando el mismo amor, unidos en espíritu, dedicados a un mismo propósito" (Filipenses 2:2). Nosotros podemos definir estos mandatos de la siguiente forma:

"Pensar lo mismo" —unidad intelectual

"Tener el mismo amor" —unidad social

"Unidad en espíritu" —unidad emocional

"Tratar de hacer algo con un propósito" —unidad de la voluntad.

He aquí algunos pasos específicos que usted puede usar para mejorar su relación con sus suegros. Es importante que ambos, usted y su cónyuge, lo discutan y lo apliquen juntos.

Vea desde un punto de vista optimista y positivo, las relaciones con sus suegros. Hay muchos estereotipos de suegros, pero tenemos que ir más allá de estas perspectivas afectadas.

Las suegras no son siempre una maldición; a menudo son una bendición.

Las parejas no siempre encuentran imposible el vivir con o cerca de los suegros; algunos lo hacen y lo disfrutan.

Los hombres no son los que con más frecuencia les molestan los suegros, sucede más con las mujeres. ¡En realidad hay más conflictos entre las esposas y las suegras!

El mantener callado los problemas con los suegros, no es la mejor forma de tratar con ellos. Es preferible ir resolviendo las diferencias a medida que surgen.

La persona no tiene que sentirse indefensa sobre sus relaciones con los suegros; hay mucho que puede hacer para hacerlas satisfactorias. Sin embargo, tenemos que estar dispuestos a tomar riesgos.

Reconozca la importancia de la familia de su compañero/a temprano en su matrimonio. Cualquier intento de ignorar a los suegros, simplemente aumenta la fricción.

Evalúe qué costumbres familiares usted desea y cuáles nuevas le gustaría probar o establecer. Entonces comuníqueselo a sus padres y suegros. Puede que usted desee cambiar cada ciertos años. Déjelo saber a sus padres y suegros, que usted hará esto. Recuerde, que como adultos casados *usted* tiene tanto derecho a opinar sobre lo que va a hacer el día de dar Gracias y Navidad, como lo tienen sus padres y suegros. Quizás usted simplemente no ha ejercitado su libertad de escoger para estas ocasiones.

Considere la necesidad de sus suegros en estos momentos de su vida. A menudo la razón por la cual las personas se comportan de cierta forma es porque están tratando de llenar alguna necesidad en particular. Pero su conducta puede que no refleje con certeza cuáles son las necesidades en realidad, y por lo tanto nos confundimos. ¿Ha considerado usted alguna vez que las sugerencias que vienen de sus suegros, puedan reflejar algunas de sus propias necesidades? Puede que en realidad no sean intentos de su parte de controlar sus vidas o interferir.

Una mujer joven compartió esta experiencia. Siempre que su madre venía a su casa, ella trataba de que su casa estuviera limpia y se preocupaba porque no encontrara polvo y suciedad. Un día después de que esta mujer había estado limpiando la casa por horas, fregando el piso, etcétera, la madre vino de visita, entró a la cocina y se sentó, sus ojos vieron una sección como de seis pulgadas de madera junto a una loza que se le había quedado sin limpiar a su hija. Ella le mencionó esto a su hija. La hija podía sentir el enojo que iba subiendo lentamente por su cuerpo y su mandíbula se puso tensa y su rostro se tornó rojo.

La madre notó esta reacción cuando ella hizo ese comentario y le dijo, "querida, yo no puedo ser de mucha utilidad en otras cosas, pero en esto sí te puedo ayudar". A medida que compartía, la hija se dio cuenta de que su madre se sentía incapaz e inútil alrededor de ella, y ésta era la única forma de intentar sentirse útil y necesaria. Ambas, la madre y la hija, ahora tienen una mejor relación entre sí.

La mayoría de los suegros necesitan sentirse útiles, importantes y seguros. Ellos aun disfrutan la atención. ¿Qué podría hacer usted para ayudarle a llenar estas necesidades? ¿Le ha preguntado alguna vez a sus suegros, de frente, qué podría hacer usted para ayudarles a sentirse útiles? Puede que solamente necesite algunas pequeñas cosas, y una expresión de cuidado de parte suya, hace que sus suegros se sientan útiles.

Trate a sus suegros con la misma consideración y respeto que usted le da a sus amigos. Si sus suegros son cristianos, ¿puede verles no solamente como suegros, sino como miembros del cuerpo de Cristo? ¿Puede verles como hermanos o hermanas en Cristo? Si todavía no son cristianos, ¿podrías verle como personas por las cuales Cristo murió? ¿Puedes recordar que el amor de Dios es sin condición y comprometido hacia personas imperfectas? Vea su potencial de la misma forma que Dios lo ve.

Cuando sus suegros muestres un interés en algún área de su vida y les dé consejo, reaccione igual que reaccionaría con un amigo que le estuviese dando algún consejo. Si es un consejo bueno, sígalo y déle las gracias por su cuidado. Si no es lo que usted desea hacer, déle las gracias por su sugerencia pero continúe haciendo lo que planeaba hacer al principio.

Algunas parejas dicen, "¡pero usted no conoce a mis suegros o mis padres! ¡Ellos no se dan por vencido! ¡Ellos siguen y siguen con lo mismo y si una táctica no les funciona, tratarán otra, o tratarán de dividir nuestras opiniones sobre el asunto!" Quizás lo logren, pero una posición honesta y firme de parte de usted les ayudará. Ellos posiblemente continúen presionando porque les ha funcionado en el pasado. Pero si usted se mantiene firme y constante, ellos aprenderán que usted tiene el derecho a reaccionar a sus consejos y sugerencias como si los mismos no fuesen leyes, sino lo que son, sugerencias y consejos.

Déle a sus suegros el beneficio de la duda. Si parecen estar muy preocupados con sus asuntos, puede que ellos estén honestamente preocupados con su bienestar. Puede que su intención no sea el tratar de interferir en sus vidas. ¿Podría ser que su experiencia pasada o la forma en que usted habla, sea lo que esté influenciando en su modo de reaccionar?

Busca posibles cualidades en sus suegros. Muy a menudo nos inclinamos a enfatizar las faltas y debilidades de los demás y no vemos sus cosas positivas.

Cuando usted visita a sus suegros (y cuando ellos le visitan) mantenga las visitas razonablemente cortas. Esté seguro que tiene suficientes cosas que hacer cuando usted esté allí. Sea lo más considerado, cortés y servicial que pueda. Considérelos como si fuesen sus amigos. No mire a sus padres y suegros como niñeros.

Déle a sus suegros el tiempo de ajustarse a la idea de que ustedes están ahora casados. Su suegra ha estado cerca de su cónyuge por muchos años. Reconozca que el proceso de separación debe ser gradualmente.

Si desea darle consejo a sus suegros, es mejor esperar hasta que ellos se lo pidan. Si le ofrece una sugerencia, recuerde que ellos tienen el derecho de aceptarlo o rechazarlo. Después de todo, ¿no desea el mismo derecho?

No discuta sus desavenencias y los defectos de su cónyuge con su familia. Si usted lo hace puede que les predisponga en contra de su cónyuge, haciendo más difícil para todos los envueltos, el lograr una mejor relación.

No mencione a su familia o los tome como modelo para compararlo con su cónyuge. El/ella probablemente se sentirá a la defensiva y buscará defender la manera en que sus propios padres lo hacían, aunque usted esté correcto en lo que ha dicho. Si usted desea que sus suegros hagan algo diferente, pregúntele a su cónyuge cómo se siente con sus padres. Quizás él/ella pueda compartir algo sobre el por qué de su comportamiento que usted no ve. Recuerde que ambas familias tiene su idiosincrasia y excentricismos. ¡A esto se le llama ser humanos!

¿Qué piensa?

1. ¿Qué ha hecho en el pasado para dejarle saber a sus padres y suegros que son importantes para usted?

2. Durante las últimas dos semanas, ¿qué ha hecho para expresar sentimientos positivos hacia sus padres y suegros?

3. ¿Qué cosa adicional podrías decir o hacer, que pudiera dejar saber a sus padres y suegros, que ellos son importantes?

ejemplo cuántas veces deben visitarlos o llamar por teléfono, cómo deben comportarse en cuanto a la disciplina de sus hijos, etcétera.)

¿Qué debieras hacer en cuanto a sus expectativas futuras?

5. En el pasado, ¿cómo ha ayudado a sus padres o suegros, a llenar sus propias necesidades y desarrollar un mayor significado en la vida?

¿Cómo puedes ayudarle en el futuro?

6. Si sus padres o suegros han tenido dificultades serias en el pasado, ¿cómo les trató entonces?

¿Cómo puede ayudarle más en el futuro?

7. En el pasado, ¿qué ha hecho con sus padres o suegros para hacerles más fácil el que le demuestren amor a usted y su familia inmediata?

¿Cómo puedes mejorar esto en el futuro?

8. ¿Qué ha hecho en el pasado para ayudar a sus padres o suegros a recibir amor de usted?

¿Qué ha hecho para demostrarle amor a ellos?

¿Qué ha hecho para demostrarle amor a ellos?

Notas

Algunos de los materiales usados en este libro han sido adaptado del libro *How to Be Better Than Average In-Law by* Norman Wright (¿Cómo tener una mejor relación con los suegros?) (Wheaton, IL: Victor Books, 1981).